THEODORE VIERGE ET MARTYRE, TRAGEDIE CHRESTIENNE.

Imprimé à Roüen, & se vend

A PARIS,

Chez ANTOINE DE SOMMAVILLE, au Palais en la Gallerie des Merciers, à l'Escu de France.

M. DC. XLVI.

AVEC PRIVILEGE DU ROY.

A MONSIEVR L. P. C. B.

MONSIEVR,

Ie n'abuſeray point de voſtre abſence de la Cour, pour vous impoſer touchant cette Tragedie; ſa repreſentation n'a pas eû grand éclat, & quoy que beaucoup en attribuent la cauſe à diuerſes conjonctures qui pourroient me iuſtifier aucunement, pour moy ie ne m'en veux prendre qu'à ſes defauts, & la tiens mal faite, puis qu'elle a eſté mal suiuie. I'aurois tort de m'opposer au iugement du public, il m'a esté trop auãtageux en mes autres ouurages pour le desauoüer en celuy-cy, & si ie l'accusois d'erreur ou d'iniustice pour Theodore, mon exemple dõneroit lieu à tout le monde de soupçonner des mesmes choses tous les Arrests qu'il a prononcez en ma faueur. Ce n'est pas toutefois sans quelque sorte de satisfaction que ie voy que la meilleure partie de mes iuges impute ce mauuais succez à l'idée de la prostitutiõ que l'on n'a pû souffrir, quoy qu'on sçeust bien qu'elle n'auroit pas d'effet, & que pour en extenuer l'horreur i'aye employé tout ce que l'Art & l'experience m'ont pû fournir de lumieres. Et certes il y a dequoy congratuler à la pureté de nostre Theatre, de voir qu'vne hiſtoire qui fait le plus bel ornement du ſecond Liure des Vierges de S. Ambroiſe, ſe trouue trop licentieuſe pour y eſtre ſupportée. Qu'euſt-on dit ſi comme ce grand Docteur de l'Egliſe i'euſſe fait voir Theodore dans le lieu infame, ſi i'euſſe décrit les diuerſes agitations de ſon ame durant qu'elle y fût, ſi i'euſſe figuré les troubles qu'elle y reſſentit au premier moment qu'elle y vit entrer Didime? C'eſt là deſſus que ce grand Sainct fait triompher ſon éloquence, & c'eſt pour ce ſpectacle qu'il inuite particulierement les Vierges à ouurir les yeux. Ie l'ay dérobé à la veuë, & autãt que i'ay pû, à l'imagination de mes Auditeurs, & apres y auoir conſumé toute mõ adreſſe, la modeſtie de noſtre Scéne a deſauoüé, cõme indigne d'elle, ce peu que la neceſſité de mon ſuiet m'a forcé d'en faire cognoiſtre. Apres cela i'oſeray bien dire que ce n'eſt pas contre des Comedies pareilles aux noſtres que declame S. Auguſtin, & que ceux que le ſcrupule ou le caprice ou le zele en rend opiniaſtres ennemis, n'ont pas grande raiſon de s'appuyer de ſon authorité. C'eſt auec iuſtice qu'il condamne celles de ſon temps qui ne meritoiẽt que trop le nom qu'il leur donne de ſpectacles de turpitude ; mais c'eſt auec injuſtice qu'on veut eſtendre cette condamnation iuſqu'à celles du noſtre, qui ne contiennent pour l'ordinaire que des exemples d'innocence, de vertu, & de pieté. I'aurois mauuaiſe grace de vous en entretenir plus au lõg, vous eſtes deſia trop perſuadé de ces veritez, & ce n'eſt pas mon dessein d'entreprendre icy de desabuser ceux qui ne veulent pas l'estre. Il est iuste qu'on les abandonne à leur aueuglement volontaire, & que pour peine de la trop facile croyance qu'ils donnent à des inuectiues mal fondées, ils demeurent priuez du plus agreable & du plus vtile des diuertissemens dont l'esprit humain soit capable. Contentons nous d'en jouyr sans leur en faire part, & souffrez que sans faire aucun effort pour les guerir de leur foiblesse, ie finisse en vous asseurant que ie suis & seray toute ma vie,

MONSIEVR,

Vostre tres-humble & tres-obligé seruiteur,
CORNEILLE.

Extraict du Priuilege du Roy.

PAR grace & Priuilege du Roy, donné à Paris le 17. iour d'Auril 1646. Signé, Par le Roy en son Conseil, DENIS. Il est permis à Toussainct Quinet Marchand Libraire à Paris, d'imprimer ou faire imprimer, vendre & distribuer vne piece de Theatre intitulée *Theodore, Vierge & Martyre, Tragedie Chrestienne*, de Mr Corneille, & ce durant le temps & espace de cinq ans, à compter du iour qu'elle sera acheuée d'imprimer : Et deffences sont faites à tous Imprimeurs, Libraires & autres, de contrefaire ladite piece, ny mesme en vendre ou exposer en vente, sans le consentement dudit Quinet, ou de ceux qui auront droict de luy, à peine de trois mil liures d'amende, & de tous despens, dommages & interests, ainsi qu'il est plus amplement porté par lesdites Lettres, qui sont en vertu du present Extraict tenuës pour bien & deuëment signifiées, à ce qu'aucun n'en pretende cause d'ignorance.

ET ledit Quinet a associé auec luy Antoine de Sommauille & Augustin Courbé, aussi Marchands Libraires à Paris, pour jouyr par eux dudit Priuilege, suiuant l'accord fait entr'eux.

Les Exemplaires ont esté fournis.

Acheué d'imprimer pour la premiere fois, le dernier iour d'Octobre 1646.

ACTEVRS.

VALENS Gouuerneur d'Antioche.
PLACIDE fils de Valens.
CLEOBVLE amy de Placide.
DIDYME amoureux de Theodore.
PAVLIN confident de Valens.
LYCANTE Capitaine d'vne cohorte Romaine.
MARCELLE femme de Valens.
THEODORE Princesse d'Antioche.
STEPHANIE confidente de Marcelle.

La Scene est à Antioche dans le Palais du Gouuerneur.

THEODORE VIERGE ET MARTYRE, TRAGEDIE CHRESTIENNE.

ACTE I.

SCENE PREMIERE.

PLACIDE, CLEOBVLE.

PLACIDE.

IL est vray, Cleobule, & ie veux l'aduoüer,
La fortune me flatte assez pour m'en loüer,
Mon pere est Gouuerneur de toute la Syrie,
Et comme si c'estoit trop peu de flatterie,

Moy-mesme elle m'embrasse, & me vient de donner
Tout ieune que ie suis, l'Egypte à gouuerner.
Certes si ie m'enflois de ces vaines fumées
Dont on voit à la Cour tant d'ames si charmées,
Si l'esclat des grandeurs auoit pû me rauir,
I'aurois dequoy me plaire & dequoy m'assouuir :
Au dessous des Cesars ie suis ce qu'on peut estre,
A moins que de leur rang le mien ne sçauroit croistre,
Et si de cét espoir ie voulois me flatter
Par de moindres degrez on en voit y monter.
Mais ie tiens ces honneurs à tiltres d'infamie
Parce que ie les tiens d'vne main ennemie,
Et leur plus doux appas n'a pour moy que rigueur
Parce que pour eschange on veut auoir mon cœur.
On perd temps toutefois, ce cœur n'est point à vendre,
Marcelle, en vain par là tu crois gagner vn gendre,
Ta Flauie à mes yeux fait tousiours mesme horreur :
Ton frere Marcellin peut tout sur l'Empereur,
Mon pere est ton espoux, & tu peux sur son ame
Ce que sur vn mary doit pouuoir vne femme,
Va plus outre, & par Zele ou par dexterité
Joins le vouloir des Dieux à leur authorité,
Assemble leur faueur, assemble leur colere,
Pour aimer, ie n'escoute Empereur, Dieux, ny pere,

Et ie la trouuerois vn objet odieux
Des mains de l'Empereur, & d'vn pere, & des Dieux.

CLEOBVLE.

Quoy que pour vous Marcelle ait le nom de marastre,
Considerez, Seigneur, qu'elle vous idolatre,
Voyez d'vn œil plus sain ce que vous luy deuez,
Les biens & les honneurs qu'elle vous a sauuez.
Quand Diocletian fut maistre de l'Empire....

PLACIDE.

Mon pere estoit perdu, c'est ce que tu veux dire,
Si tost qu'à son party le bonheur eust manqué
Sa teste fut proscrite & son bien confisqué,
On vit à Marcellin sa despoüille donnée:
Il en rompit le coup par ce triste Hymenée,
Et par raison d'Estat il sçeut dans son malheur
Se rachepter du frere en espousant la sœur.
Deslors on asseruit iusques à mon enfance,
De Flauie auec moy l'on conclud l'alliance,
Et depuis ce moment Marcelle a fait chez nous
Vn destin que tout autre auroit treuué fort doux;
La dignité du fils comme celle du pere
Descend du haut pouuoir que luy donne ce frere:

Mais à la regarder de l'œil dont ie la voy,
Ce n'est qu'vn joug pompeux qu'on veut jetter sur moy,
On esleue chez nous vn Trosne pour sa fille,
On y seme l'esclat dont on veut qu'elle brille,
Et dans tous ces honneurs ie ne vois en effet
Qu'vn infame dépost des presents qu'on luy fait.

CLEOBVLE.

S'ils ne sont qu'vn dépost des biens qu'on luy veut faire,
Vous en estes, Seigneur, mauuais dépositaire,
Puisqu'auec tant d'effort on vous voit trauailler
A mettre ailleurs l'esclat dont elle doit briller.
Vous aimez Theodore, & vostre ame rauie
Luy veut donner ce Trosne esleué pour Flauie,
C'est là le fondement de vostre auersion.

PLACIDE.

Ce n'est point vn secret que cette passion,
Flauie au lict malade en meurt de jalousie,
Et dans l'aspre despit dont sa mere est saisie;
Elle tonne, foudroye, & pleine de fureur
Menace de tout perdre auprés de l'Empereur:
Comme de ses faueurs ie ry de sa colere,
Quoy qu'elle ait fait pour moy, quoy qu'elle puisse faire,

Le passé sur mon cœur ne peut rien obtenir,
Et ie laisse au hazard le soin de l'aduenir.
Ie me plais à brauer cét orgueilleux courage,
Chaque iour pour l'aigrir ie vay iusqu'à l'outrage,
Son ame imperieuse & prompte à fulminer,
Ne me sçauroit haïr iusqu'à m'abandonner.
Souuent elle me flatte alors que ie l'offence,
Et quand ie l'ay poussée à quelque violence,
L'amour de sa Flauie en rompt tous les effets,
Et l'esclat s'en termine à de nouueaux bien-faits.
Ie la plains, sa Flauie, & plus à plaindre qu'elle,
Comme elle aime vn ingrat, j'adore vne cruelle,
Dont la rigueur la vange, & rejettant ma foy,
Me rend tous les mespris qu'elle reçoit de moy.
Ainsi par toutes deux mon sort me persecute,
L'vne me sollicite, & l'autre me rebute,
Ie hay qui m'idolatre, & i'aime qui me fuit,
Et ie poursuis en vain, ainsi qu'on me poursuit.
Telle est de mon destin la fatale injustice,
Telle est la tyrannie ensemble & le caprice
Du Démon aueuglé qui sans discretion
Verse l'Antipathie & l'inclination.
Mais que voit Theodore en moy de méprisable?
Puisqu'on m'adore ailleurs encor dois-ie estre aimable,

Elle aime, elle aime vn autre, & s'impute à bonheur
De preferer Didime au fils du Gouuerneur.

CLEOBVLE.

Comme elle ie suis né, Seigneur, dans Antioche,
Et par les droits du sang ie luy suis assez proche,
Je cognoy son courage & vous respondray bien
Qu'estant sourde à vos vœux elle n'écoute rien,
Et que dans la rigueur dont vostre amour l'accuse
Personne n'obtiendra ce qu'elle vous refuse.
Ce riual malheureux dont vous estes jaloux,
En est encor, Seigneur, plus maltraité que vous.
Mais quand mesmes ses feux respondroient à vos flames,
Qu'vne amour mutuelle vniroit vos deux ames,
Voyez où cette amour vous peut précipiter,
Quel orage sur vous elle doit exciter,
Que dira vostre pere, & que fera Marcelle;
De grace, permettez que ie parle pour elle...

PLACIDE.

Ah! si ie puis encor quelque chose sur toy,
Ne me dy rien pour elle & dy luy tout pour moy,
Dy luy que ie suis seur des bontez de mon pere,
Ou que s'il se rendoit d'vne humeur trop seuere,

L'Egypte où l'on m'enuoye est vn azile ouuert
Pour mettre nostre flame & nostre heur à couuert.
Là saisis d'vn rayon des puissances supresmes
Nous ne receurons plus de loix que de nous-mesmes,
Quelques noires vapeurs que puissent conceuoir
Et la mere & la fille ensemble au desespoir,
Tout ce qu'elles pourront enfanter de tempestes
Sans venir iusqu'à nous creuera sur leurs testes,
Et nous erigerons en cét heureux sejour
De leur rage impuissante vn trophée à l'Amour.
Parle, parle pour moy, presse, agy, persuade,
Fay quelque chose enfin pour mon esprit malade,
Fay luy voir mon pouuoir, fay luy voir mon ardeur,
Dissipe ses frayeurs, tu vaincras sa froideur.

CLEOBVLE.

Je parleray, Seigneur, quoy que sans esperance
De pouuoir l'arracher de son indifference,
Son cœur trop resolu.... Mais Marcelle suruient.

SCENE II.

MARCELLE, PLACIDE, CLEOBVLE, STEPHANIE.

MARCELLE.

CE mauuais conseiller tousiours vous entretient?

PLACIDE.

Vous dites vray, Madame, il tasche à me surprendre,
Son conseil est mauuais, mais ie sçay m'en deffendre.

MARCELLE.

Il vous parle d'aimer?

PLACIDE.

Contre mon sentiment.

MARCELLE.

Leuez, leuez le masque, & parlez franchement,

De

De vostre Theodore il est l'Agent fidelle,
Pour vous mieux engager elle fait la cruelle,
Vous chasse en apparence, & pour vous retenir
Par ce parent adroit vous fait entretenir.

PLACIDE.

Il m'entretient donc mal au gré de son enuie,
Au lieu de Theodore il parle pour Flauie,
Et mauuais conseiller en matiere d'amour
Il fait contre son sang pour mieux faire sa Cour.
C'est, Madame, en effet le mal qu'il me conseille,
Mais i'ay le cœur trop bon pour luy prester l'oreille.

MARCELLE.

Dites le cœur trop bas pour aimer en bon lieu.

PLACIDE.

L'objet où vont mes vœux seroit digne d'vn Dieu.

MARCELLE.

Il est digne de vous, d'vne ame vile & basse.

PLACIDE.

Ie fay donc seulement ce qu'il faut que ie fasse,

Ne blasmez que Flauie, vn cœur si bien placé
D'vne ame vile & basse est trop embarassé,
D'vn choix qui luy fait honte il faut qu'elle s'irrite,
Et me priue d'vn bien qui passe mon merite.

MARCELLE.

Auec quelle arrogance osez-vous me parler ?

PLACIDE.

Au dessous de Flauie ainsi me raualer
C'est de cette arrogance vn mauuais témoignage,
Ie ne me puis, Madame, abaisser dauantage.

MARCELLE.

Vostre respect est rare & fait voir clairement
Que vostre humeur modeste aime l'abaissement ;
Et bien, puisqu'à present i'en suis mieux aduertie,
Il faudra satisfaire à cette modestie,
Auec vn peu de temps nous en viendrons à bout.

PLACIDE.

Vous ne m'osterez rien puisque ie vous dois tout,
Qui n'a que ce qu'il doit a peu de perte à faire.

MARCELLE.

Nous vous verrons bien-tost d'vn ſentiment contraire.

PLACIDE.

Je n'en ſçaurois changer pour la perte d'vn bien
Qui me rendra celuy de ne vous deuoir rien.

MARCELLE.

Ainſi l'ingratitude en ſoy-meſme ſe flatte,
Mais ie ſçauray punir cette ame trop ingrate,
Et pour mieux abaiſſer vos eſprits ſouſleuez
Je vous oſteray plus que vous ne me deuez.

PLACIDE.

La menace eſt obſcure, expliquez-la, de grace.

MARCELLE.

L'effet expliquera le ſens de la menace,
Tandis ſouuenez-vous, malgré tous vos meſpris,
Que i'ay fait ce que ſont & le pere & le fils,
Vous me deuez l'Egypte, & Valens Antioche.

PLACIDE.

Nous ne vous deuons rien apres vn tel reproche,

Vn bien-fait perd ſa grace à le trop publier,
Qui veut qu'on s'en ſouuienne, il le doit oublier.

MARCELLE.

Ie l'oublierois, ingrat, ſi pour tant de puiſſance
Ie receuois de vous quelque recognoiſſance.

PLACIDE.

Et ie m'en ſouuiendrois iuſqu'aux derniers abois
Si vous vous contentiez de ce que ie vous dois.

MARCELLE.

Apres tant de bien-faits oſay-ie trop pretendre?

PLACIDE.

Ce ne ſont plus bien-faits alors qu'on veut les vendre.

MARCELLE.

Que doit donc vn grand cœur aux faueurs qu'il re-
çoit?

PLACIDE.

S'aduoüant redeuable il rend tout ce qu'il doit.

MARCELLE.

Les ingrats à la foule iront à vostre escole
Puisqu'on y deuient quitte en payant de parole.

PLACIDE.

Ie vous diray donc plus puisque vous me pressez,
Nous ne vous deuons pas tout ce que vous pensez.

MARCELLE.

Que seriez-vous sans moy?

PLACIDE.

Sans vous? ce que nous sommes.
Nostre Empereur est iuste, & sçait choisir les hommes,
Et mon pere apres tout ne se trouue qu'au rang
Où l'auroient mis sans vous ses vertus & son sang.

MARCELLE.

Ne vous souuient-il plus qu'on proscriuit sa teste?

PLACIDE.

Par là vostre artifice en fit vostre conqueste.

MARCELLE.

Ainsi de ma faueur vous nommez les effets ?

PLACIDE.

Vn autre amy peut-estre auroit bien fait sa paix,
Et si vostre faueur pour luy s'est employée,
Par son Hymen, Madame, il vous a trop payée,
On voit peu d'vnions de deux telles moitiez,
Et la faueur à part on sçait qui vous estiez.

MARCELLE.

L'ouurage de mes mains auoir tant d'insolence!

PLACIDE.

Elles m'ont mis trop haut pour souffrir vne offence.

MARCELLE.

Quoy, vous tranchez icy du nouueau Gouuerneur ?

PLACIDE.

De mon rang en tous lieux ie soustiendray l'honneur.

MARCELLE.

Considerez donc mieux quelle main vous y porte,
L'Hymen seul de Flauie en est pour vous la porte.

PLACIDE.

Si ie n'y puis entrer qu'acceptant cette loy,
Reprenez vostre Egypte & me laissez à moy.

MARCELLE.

Plus il me doit d'honneurs plus son orgueil me braue!

PLACIDE.

Plus ie reçois d'honneurs moins ie dois estre esclaue.

MARCELLE.

Conseruez ce grand cœur, vous en aurez besoin.

PLACIDE.

Ie le conserueray, Madame, auec grand soin,
Et vostre grand pouuoir en chassera la vie
Auant que d'y surprendre aucun lieu pour Flauie.

MARCELLE.

I'en chasseray du moins l'ennemy qui me nuit.

PLACIDE.

Vous ferez peu d'effet auec beaucoup de bruit.

MARCELLE.

Je joindray de si prés l'effet à la menace,
Que sa perte aujourd'huy me quittera la place.

PLACIDE.

Vous perdrez aujourd'huy?...

MARCELLE.

Theodore à vos yeux,
M'entendez-vous, Placide? Ouy i'en iure les Dieux,
Qu'aujourd'huy mon couroux armé contre son crime
Au pied de leurs Autels en fera ma victime.

PLACIDE.

Et ie iure à vos yeux ces mesmes Immortels
Que ie la vangeray iusques sur leurs Autels.
Ie iure plus encor, que si ie pouuois croire
Que vous eussiez dessein d'vne action si noire,
Il n'est point de respect qui me pust retenir
D'en punir la pensée & de vous préuenir,

Et

Et que pour garantir vne teste si chere
Ie vous irois chercher iusqu'au lict de mon pere.
M'entendez-vous, Madame ? Adieu, pensez-y bien,
N'espargnez pas mon sang si vous versez le sien,
Autrement, ce beau sang en fera verser d'autre,
Et ma fureur n'est pas pour s'arrester au vostre.

SCENE III.

MARCELLE, STEPHANIE.

MARCELLE.

AS-tu veu, Stephanie, vn plus farouche orgueil ?
As-tu veu des mespris plus dignes du cercueil ?
Et pourrois-ie espargner cette insolente vie,
Si sa perte n'estoit la perte de Flauie,
Dont le cruel destin prend vn si triste cours
Qu'aux iours de ce barbare il attache ses iours ?

STEPHANIE.

Ie tremble encor de voir où sa rage l'emporte.

MARCELLE.

Ma colere en deuient & plus iuste & plus forte,
Et l'aueugle fureur dont ses discours sont plains,
Ne m'arrachera pas ma vangeance des mains.

STEPHANIE.

Apres vostre vangeance apprehendez la sienne.

MARCELLE.

Qu'vne indigne espouuante à present me retienne!
De ce feu turbulent l'esclat impetueux
N'est qu'vn foible auorton d'vn cœur presomptueux,
La menace à grand bruit ne porte aucune atteinte,
Elle n'est qu'vn effet d'impuissance & de crainte,
Et qui si prés du mal s'amuse à menacer
Veut amollir le coup qu'il ne peut repousser.

STEPHANIE.

Theodore viuante il craint vostre colere,
Mais voyez qu'il ne craint que parce qu'il espere,
Et c'est à vous, Madame, à bien considerer
Qu'il cessera de craindre en cessant d'esperer.

MARCELLE.

L'espoir nourrit sa flame, & venant à s'esteindre,
Il peut cesser d'aimer aussi bien que de craindre,
Et l'amour rarement passe dans vn tombeau
Qui ne laisse aucun charme à l'objet le plus beau.
Hazardons, ie ne voy que ce conseil à prendre,
Theodore viuante il n'en faut rien pretendre,
Et Theodore morte, on peut encor douter
Quel sera le succez que tu veux redouter:
Quoy qu'il arriue en fin, de la sorte outragée,
C'est vn plaisir bien doux que de se voir vangée.
Mais dy-moy, ton indice est-il bien asseuré?

STEPHANIE.

I'en respons sur ma teste, & l'ay trop aueré.

MARCELLE.

Ne t'oppose donc plus à ce moment de joye
Qu'aujourd'huy par ta main le iuste Ciel m'enuoye,
Valens vient à propos, & sur tes bons aduis
Je vay forcer le pere à me vanger du fils.

SCENE IV.

VALENS, MARCELLE, PAVLIN, STEPHANIE.

MARCELLE.

IVsques à quand, Seigneur, voulez-vous qu'abusée
Au mespris d'vn ingrat ie demeure exposée,
Et qu'vn fils arrogant sous vostre authorité
Outrage vostre femme auec impunité?
Sont-ce-là les douceurs, sont-ce-là les caresses
Qu'en faisoient à ma fille esperer vos promesses,
Et faut-il qu'vn amour conceu par vostre adueu
Luy couste enfin la vie & vous touche si peu?

VALENS.

Pleust aux Dieux que mon sang eust dequoy satisfaire
Et l'amour de la fille, & l'espoir de la mere,
Et qu'en le respandant ie luy pusse gaigner
Ce cœur dont l'insolence ose la dédaigner.

Mais de ses volontez le Ciel est le seul maistre,
J'ay promis de l'amour, il le doit faire naistre,
Si son ordre n'agist, l'effet ne s'en peut voir,
Et ie pense estre quitte y faisant mon pouuoir.

MARCELLE.

Faire vostre pouuoir auec tant d'indulgence
C'est auec son orgueil estre d'intelligence,
Aussi bien que le fils le pere m'est suspect,
Et vous manquez de foy comme luy de respect.
Ah! si vous desployïez cette haute puissance
Que donnent aux parents les droits de la naissance...

VALENS.

Si la haine & l'amour luy doiuent obeyr,
Desployez-la, Madame, à le faire hayr.
Quel que soit le pouuoir d'vn pére en sa famille,
Puis-je plus sur mon fils que vous sur vostre fille,
Et si vous ne pouuez vaincre sa passion
Dois-ie plus obtenir sur son auersion?

MARCELLE.

Elle tasche à se vaincre, & son cœur y succombe,
Et l'effort qu'elle y fait la jette sous la tombe.

VALENS.

Elle n'a toutesfois que l'amour à dompter,
Et Placide bien moins se pourroit surmonter,
Puisque deux passions le font estre rebelle,
L'amour pour Theodore, & la haine pour elle.

MARCELLE.

Ostez-luy Theodore, & son amour dompté
Vous dompterez sa haine auec facilité.

VALENS.

Pour l'oster à Placide il faut qu'elle se donne.
Aime-t'elle quelqu'autre ?

MARCELLE.

Elle n'aime personne,
Mais qu'importe, Seigneur, qu'elle escoute aucuns vœux?
Ce n'est pas son Hymen, c'est sa mort que ie veux.

VALENS.

Quoy, Madame, abuser ainsi de ma puissance !
A vostre passion immoler l'innocence !
Les Dieux m'en puniroient.

MARCELLE.

Trouuent-ils innocens
Ceux dont l'impieté leur refuse l'encens ?
Prenez leur interest, Theodore est Chrestienne,
C'est la cause des Dieux & ce n'est plus la mienne.

VALENS.

Souuent la calomnie...

MARCELLE.

Il n'en faut plus parler
Si vous vous preparez à le dißimuler.
Deuenez protecteur de cette secte impie,
Que l'Empereur iamais ne creut digne de vie,
Mais gardez d'oublier vous faisant leur appuy
Qu'il me demeure encor vn frere auprés de luy.

VALENS.

Sans en importuner l'authorité supréme,
Si ie vous suis suspect, n'en croyez que vous-mesme,
Agissez en ma place & la faites venir,
Quand vous la conuaincrez, ie sçauray la punir,
Et vous recognoistrez que dans le fonds de l'ame
Ie prends comme ie dois l'interest d'vne femme.

MARCELLE.

Puisque vous le voulez, j'oseray la mander,
Allez-y, Stephanie, allez sans plus tarder,
Et si l'on m'a flattée auec vn faux indice
Ie vous iray moy-mesme en demander iustice.

Stephanie s'en va, & Marcelle continuë à parler à Valens.

VALENS.

N'oubliez pas alors, que ie la dois à tous,
Et mesme à Theodore aussi bien comme à vous.

MARCELLE.

N'oubliez pas non plus quelle est vostre promesse.
Il est temps que Flauie ait part à l'allegresse,
Auec cette esperance allons la soulager.
Et vous, Dieux, qu'auec moy j'entreprends de vanger,
Agréez ma victime, & pour finir ma peine
Jettez vn peu d'amour où regne tant de haine,
Ou si c'est trop pour moy qu'il soûpire à son tour,
Iettez vn peu de haine où regne tant d'amour.

Valens s'en va, & Marcelle continuë.

Fin du premier Acte.

ACTE

ACTE II.

SCENE PREMIERE.

THEODORE, CLEOBVLE, STEPHANIE.

STEPHANIE.

Arcelle n'est pas loin, & ie me persuade
Que son amour l'attache auprés de sa malade,
Mais ie vay l'aduertir que vous estes icy.

THEODORE.

Vous m'obligerez fort d'en prendre le soucy,
Et de luy tesmoigner auec quelle franchise
A ses commandements vous me voyez soûmise.

STEPHANIE.

Dans vn moment, ou deux, vous la verréZ venir.

SCENE II.

CLEOBVLE, THEODORE.

CLEOBVLE.

TAndis permettez-moy de vous entretenir,
Et de blasmer vn peu cette vertu farouche,
Cette insensible humeur qu'aucun objet ne touche,
D'où naissent tant de feux sans pouuoir l'enflamer,
Et qui semble hayr quiconque l'ose aimer.
Je veux bien auec vous que dessous vostre empire
Toute nostre jeunesse en vain brusle & soûpire,
J'approuue les mespris que vous rendez à tous,
Le Ciel n'en a point fait qui soient dignes de vous:
Mais ie ne puis souffrir que la grandeur Romaine
S'abaissant à vos pieds ait part à cette haine,
Et que vous esgaliez dedans vos sentimens
Ces maistres de la Terre aux vulgaires amants.
Quoy qu'vne aspre vertu du nom d'amour s'irrite,
Elle trouue sa gloire à ceder au merite,

Et sa seuerité ne luy fait point de loix
Qu'elle n'aime à briser pour vn illustre choix.
Voyez ce qu'est Valens, voyez ce qu'est Placide,
Voyez sur quels Estats l'vn & l'autre préside,
Où le pere & le fils peuuent vn iour regner,
Et cessez d'estre aueugle & de le dédaigner.

THEODORE.

Ie ne suis point aueugle, & voy ce qu'est vn homme
Qu'esleuent la naissance & la Fortune, & Rome,
Ie rends ce que ie dois à l'esclat de son sang,
I'honore son merite, & respecte son rang.
Mais vous connoissez mal cette vertu farouche
De vouloir qu'aujourd'huy l'ambition la touche,
Et qu'vne ame insensible aux plus saintes ardeurs
Cede honteusement à l'esclat des grandeurs.
Si cette fermeté dont elle est annoblie
Par quelques traits d'amour pouuoit estre affoiblie,
Mon cœur plus incapable encor de vanité
Ne feroit point de choix que dans l'égalité,
Et rendant aux grandeurs vn respect legitime
I'honorerois Placide, & j'aimerois Didime.

CLEOBVLE.

Didime que sur tous vous semblez dédaigner!

THEODORE.

Didime que ſur tous ie taſche d'eſloigner,
Et qui verroit bien-toſt ſa flame couronnée
Si mon ame à mes ſens eſtoit abandonnée,
Et ſe laiſſoit conduire à ces impreſſions
Que forment en naiſſant les belles paſſions.
Mais comme en fin c'eſt luy qu'il faut que plus ie craigne,
Plus ie panche à l'aimer, & plus ie le dédaigne,
Et m'arme d'autant plus que mon cœur en ſecret
Voudroit s'en laiſſer vaincre & combat à regret.
Ie me fais tant d'effort lors que ie le meſpriſe
Que par mes propres ſens ie crains d'eſtre ſurpriſe,
I'en crains vne reuolte, & que las d'obeyr
Comme ie les trahis ils ne m'oſent trahir.
Voilà, pour vous monſtrer mon ame toute nuë,
Ce qui m'a fait bannir Didime de ma veuë,
Ie crains d'en receuoir quelque coup d'œil fatal,
Et chaſſe vn ennemy dont ie me deffends mal.
Voilà quelle ie ſuis, & quelle ie veux eſtre,
La raiſon quelque iour s'en fera mieux connoiſtre,
Nommez-la cependant vertu, caprice, orgueil,
Ce deſſein me ſuiura iuſques dans le cercueil.

CLEOBVLE.

Il peut vous y pousser si vous n'y prenez garde,
D'vn œil enuenimé Marcelle vous regarde,
Et se prenant à vous du mauuais traitement
Que sa fille à ses yeux reçoit de vostre amant,
Sa jalouse fureur ne peut estre assouuie
A moins de vostre sang, à moins de vostre vie.
Ce n'est plus en secret qu'esclate son couroux,
Elle en parle tout haut, elle s'en vante à nous,
Elle en iure les Dieux, & ce que j'apprehende,
Pour ce triste sujet sans doute elle vous mande,
Dans vn peril si grand faites vn protecteur.

THEODORE.

Si ie suis en peril, Placide en est l'autheur,
L'amour qu'il a pour moy luy seul m'y précipite,
C'est par là qu'on me hait, c'est par là qu'on s'irrite,
On n'en veut qu'à sa flame, on n'en veut qu'à son choix,
C'est contre luy qu'on arme ou la force, ou les loix,
Tous les vœux qu'il m'adresse auancent ma ruine,
Et par vne autre main c'est luy qui m'assassine.
Ie sçay quel est mon crime, & ie ne doute pas
Surquoy l'on doit fonder l'Arrest de mon trespas,

Ie l'attens ſans frayeur, mais dequoy qu'on m'accuſe,
S'il portoit à Flauie vn cœur que ie refuſe,
Qui veut finir mes iours les voudroit proteger,
Et par ce changement il feroit tout changer.
Mais mon peril le flatte, & ſon cœur en eſpere
Ce que iuſqu'à preſent tous ſes ſoins n'ont pû faire,
Il attend que du mien j'achepte ſon appuy ;
I'en trouueray peut-eſtre vn plus puiſſant que luy,
Et s'il me faut perir, dites luy qu'auec joye
Ie cours à cette mort où ſon amour m'enuoye,
Et que par vn exemple aſſez rare à nommer
Ie periray pour luy ſi ie ne puis l'aimer.

CLEOBVLE.

Ne vous pas mieux ſeruir d'vn aduis ſi fidelle
C'eſt,..

THEODORE.

Quittons ce diſcours, ie voy venir Marcelle.

SCENE III.

MARCELLE, THEODORE, CLEOBVLE, STEPHANIE.

MARCELLE à Cleobule.

QVoy tousiours l'vn ou l'autre est par vous obsedé?
Qui vous améne icy? vous auois-ie mandé?
Et ne pourray-ie voir Theodore, ou Placide,
Sans que vous leur seruiez d'interprete, ou de guide?
Cette aßiduité marque vn Zele imprudent,
Et ce n'est pas agir en adroit confident.

CLEOBVLE.

Ie croy qu'on me doit voir d'vne ame indifferente
Accompagner icy Placide, & ma parente;
Je fay ma Cour à l'vn à cause de son rang,
Et rends vn soin à l'autre où m'oblige le sang.

MARCELLE.

Vous estes bon parent.

CLEOBVLE.

Elle m'oblige à l'eſtre.

MARCELLE.

Voſtre humeur genereuſe aime à le reconnoiſtre,
Et ſenſible aux faueurs que vous en receuez
Vous rendez à tous deux ce que vous leur deuez.
Vn ſi rare ſeruice aura ſa recompenſe
Plus grande qu'on n'eſtime, & pluſtoſt qu'on ne penſe,
Cependant quittez nous; que ie puiſſe à mon tour
Seruir de confidente à cét illuſtre amour.

CLEOBVLE.

Ne croyez pas, Madame...

MARCELLE.

Obeyſſez, de grace,
Ie ſçay ce qu'il faut croire, & voy ce qui ſe paſſe.

SCENE IV.

MARCELLE, THEODORE, STEPHANIE.

MARCELLE à Theodore.

NE vous offensez pas, objet rare & charmant,
Si ma haine auec luy traite vn peu rudement,
Ce n'est point auec vous que ie la dißimule,
Ie cheris Theodore, & ie hay Cleobule,
Et par vn pur effet du bien que ie vous veux
Ie ne puis voir icy ce parent dangereux.
Ie sçay que pour Placide il vous fait tout facile,
Qu'en sa grandeur nouuelle il vous peint vn azile,
Et tasche à vous porter iusqu'à la vanité
D'esperer me brauer auec impunité:
Ie n'ignore non plus que vostre ame plus saine
Cognoissant son deuoir, ou redoutant ma haine,
Rejette ses conseils, en dédaigne le prix,
Et fait de ces grandeurs vn genereux mespris.

Mais comme auec le temps il pourroit vous ſeduire,
Et vous, changeant d'humeur, me forcer à vous nuire,
I'ay voulu vous parler pour vous mieux aduertir
Qu'il ſeroit malaiſé de vous en garantir,
Que ſi ce qu'eſt Placide enfloit voſtre courage
Ie puis en vn moment renuerſer mon ouurage,
Abatre ſa fortune, & deſtruire auec luy
Quiconque m'oſeroit oppoſer ſon appuy.
Gardez donc d'aſpirer au rang où ie l'eſleue,
Qui commence le mieux ne fait rien s'il n'acheue,
Ne ſeruez point d'obſtacle à ce que i'en pretens,
N'acquerez point ma haine en perdant voſtre temps,
Croyez que me tromper c'eſt vous tromper vous-meſme,
Et ſi vous vous aimez ſouffrez que ie vous aime.

THEODORE.

Ie n'ay point veu, Madame, encor iuſqu'à ce iour
Auec tant de menace expliquer tant d'amour,
Et peu faite à l'honneur de pareilles viſites
J'aurois lieu de douter de ce que vous me dites,
Mais ſoit que ce puiſſe eſtre, ou feinte, ou verité,
Ie veux bien vous reſpondre auec ſincerité.
Quoy que vous me iugiez l'ame baſſe & timide,
Je croirois ſans faillir pouuoir aimer Placide,

Et si sa paßion auoit pû me toucher
I'aurois assez de cœur pour ne le point cacher :
Cette haute puissance à ses vertus renduë
L'esgale presque aux Roys dont ie suis descenduë,
Et si Rome & le temps m'en ont osté le rang
Il m'en demeure encor le courage & le sang.
Dans mon sort raualé ie sçay viure en Princesse,
Ie fuy l'ambition, mais ie hay la foiblesse,
Et comme ses grandeurs ne peuuent m'ébranler
L'épouuante non plus ne me fait point parler.
Ie l'estime beaucoup, mais en vain il soûpire,
Quand mesme sur ma teste il feroit choir l'Empire,
Vous me verriez respondre à cette illustre ardeur
Auec la mesme estime & la mesme froideur.
Sortez d'inquietude, & m'obligez de croire
Que la gloire où j'aspire est toute vne autre gloire,
Et que sans m'esblouyr de cét esclat nouueau
Plustost que dans son lit j'entrerois au tombeau.

MARCELLE.

Ie vous croy, mais souuent l'amour brusle sans luire,
Dans vn profond secret il aime à se conduire,
Et voyant Cleobule aller tant & venir,
Entretenir Placide, & vous entretenir,

J'ay tousiours dedans l'ame vn reste de scrupule,
Que ie blasme moy-mesme & tiens pour ridicule,
Mais mon cœur soupçonneux ne s'en peut départir :
Vous auez deux moyens de m'en faire sortir.
Espousez, ou Didime, ou Cleante, ou quelqu'autre,
Ne m'importe pas qui, mon choix suiura le vostre,
Et ie le combleray de tant de dignitez
Que peut-estre il vaudra ce que vous me quittez ;
Ou, si vous ne pouuez si tost vous y resoudre,
Iurez moy par ce Dieu qui porte en main le foudre,
Et dont tout l'Vniuers doit craindre le couroux,
Que Placide iamais ne sera vostre espoux.
Ie luy fais pour Flauie offrir vn sacrifice,
Peut-estre que vos vœux le rendront plus propice,
Venez les joindre aux miens & le prendre à témoin.

THEODORE.

Ie veux vous satisfaire, & sans aller si loin,
I'atteste icy le Dieu qui lance le tonnerre,
Ce Monarque absolu du Ciel & de la Terre,
Et dont tout l'Vniuers doit craindre le couroux,
Que Placide iamais ne sera mon espoux.
En est-ce assez, Madame, estes-vous satisfaite ?

MARCELLE.

Ce ſerment à peu prés eſt ce que ie ſouhaite ;
Mais pour vous dire tout, la ſainteté des lieux,
Le reſpect des Autels, la preſence des Dieux,
Le rendant & plus ſaint & plus inuiolable,
Me le pourroient auſſi rendre bien plus croyable.

THEODORE.

Le Dieu que i'ay juré connoiſt tout, entend tout,
Il remplit l'Vniuers de l'vn à l'autre bout,
Sa grandeur eſt ſans borne ainſi que ſans exemple,
Il n'eſt pas moins icy qu'au milieu de ſon Temple,
Et ne m'entend pas mieux dans ſon Temple qu'icy.

MARCELLE.

S'il vous entend par tout, ie vous entends auſſi,
On ne m'esblouyt pas d'vne mauuaiſe ruſe,
Suiuez moy dans le Temple, & toſt, & ſans excuſe.

THEODORE.

Voſtre cœur ſoupçonneux ne m'y croiroit non plus,
Et ie vous y ferois des ſerments ſuperflus.

MARCELLE.

Vous desobeyssez!

THEODORE.

Ie croy vous satisfaire.

MARCELLE.

Suiuez, suiuez mes pas.

THEODORE.

Ce seroit vous déplaire,
Vos desseins d'autant plus en seroient reculez,
Ma desobeyssance est ce que vous voulez.

MARCELLE.

Il faut de deux raisons que l'vne vous retienne,
Ou vous aimez Placide, ou vous estes Chrestienne.

THEODORE.

Ouy, ie la suis, Madame, & le tiens à plus d'heur
Qu'vne autre ne tiendroit toute vostre grandeur,
Ie voy qu'on vous l'a dit, ne cherchez plus de ruse,
I'aduouë, & hautement, & tost, & sans excuse,

Armez vous à ma perte, éclatez, vangez vous,
Par ma mort à Flauie asseurez vn espoux,
Et noyez dans ce sang dont vous estes auide
Et le mal qui la tuë, & l'amour de Placide.

MARCELLE.

Ouy, pour vous en punir ie n'espargneray rien,
Et l'interest des Dieux asseurera le mien.

THEODORE.

Le vostre en mesme temps asseurera ma gloire,
Et triomphant de moy m'apporte vne victoire
Si haute, si durable, & si pleine d'apas,
Qu'on l'achepte trop peu des plus cruels trespas.

MARCELLE.

De cette illusion soyez persuadée,
Perissant à mes yeux triomphez en idée,
Goustez d'vn autre monde à loisir les apas,
Et deuenez heureuse où ie ne seray pas.
Je n'en suis point jalouse, & toute ma puissance
Vous veut bien d'vn tel heur haster la jouyssance,
Mais gardez de paslir, & de vous estonner
Entrant dans le chemin qui vous y doit mener.

THEODORE.

La mort n'a que douceur pour vne ame Chrestienne.

MARCELLE.

Vostre felicité va donc faire la mienne.

THEODORE.

Vostre haine est trop lente à me la procurer.

MARCELLE.

Vous n'aurez pas sujet long temps d'en murmurer.
Allez trouuer Valens, allez, ma Stephanie,
Mais, demeurez, il vient.

SCENE V.

VALENS, MARCELLE, THEODORE, PAVLIN, STEPHANIE.

MARCELLE.

CE n'est point calomnie,
Seigneur, elle est Chrestienne, & s'en ose vanter.

VALENS.

Theodore, parlez sans vous espouuanter.

THEODORE.

Puisque ie suis coupable aux yeux de l'injustice,
Ie fais gloire du crime, & j'aspire au supplice,
Et d'vn crime si beau le supplice est si doux
Que qui peut le cognoistre en doit estre jaloux.

VALENS.

Je ne recherche plus la damnable origine
De cette aueugle amour où Placide s'obstine,
Cette noire Magie ordinaire aux Chrestiens
L'arreste indignement dans vos honteux liens,
Vostre charme apres luy se répand sur Flauie,
De l'vn il prend le cœur, & de l'autre la vie.
Vous osez donc ainsi iusques dans ma maison,
Iusques sur mes enfans verser vostre poison?
Vous osez de tous deux en faire vos victimes?

THEODORE.

Seigneur, il ne faut point me supposer des crimes,
C'est à des faussetez sans besoin recourir,
Puisque ie suis Chrestienne il suffit pour mourir,
Ie suis preste, où faut-il que ie porte ma vie?
Où me veut vostre haine immoler à Flauie?
Hastez, hastez, Seigneur, ces heureux chastiments
Qui feront mes plaisirs & vos contentements.

VALENS.

Ah, ie rabatray bien cette fiere constance.

THEODORE.

Craindrois-ie des tourmens qui sont ma recompense ?

VALENS.

Ouy, i'en sçay que peut-estre aisément vous craindrez,
Vous en receurez l'ordre, & vous en resoudrez,
Ce courage tousiours ne sera pas si ferme.
Paulin, que là dedans pour prison on l'enferme,
Mettez-y bonne garde.

Paulin la conduit auec quelques Soldats, & l'ayãt enfermée il reuient incontinent.

SCENE VI.

VALENS, MARCELLE, PAVLIN, STEPHANIE.

MARCELLE.

ET quoy, pour la punir
Quand le crime est constant qui vous peut retenir?

VALENS.

Agréerez-vous le choix que ie fais d'vn supplice?

MARCELLE.

I'agréeray tout, Seigneur, pourueu qu'elle perisse,
Choisissez le plus doux, ce sera m'obliger.

VALENS.

Ah! que vous sçauez mal comme il se faut vanger!

MARCELLE.

Je ne suis point cruelle, & n'en veux à sa vie
Que pour rendre Placide à l'amour de Flauie,
Ostez-nous cét obstacle à nos contentements,
Mais en faueur du sexe espargnez les tourments,
Qu'elle meure, il suffit.

VALENS.

Ouy, sans plus de demeure
Pour l'interest des Dieux ie consents qu'elle meure,
Indigne de la vie elle doit en sortir,
Mais pour vostre interest ie n'y puis consentir.
Quoy, Madame, la perdre est-ce gaigner Placide?
Croyez-vous que sa mort le change, ou l'intimide,
Que ce soit vn moyen d'estre aimable à ses yeux
Que de mettre au tombeau ce qu'il aime le mieux?

Ah, ne vous flattez point d'vne esperance vaine,
En cherchant son amour vous redoublez sa haine,
Et dans le desespoir où vous l'allez plonger
Loin d'en aimer la cause il voudra s'en vanger.
Chaque iour à ses yeux cette ombre ensanglantée
Sortant des tristes nuicts où vous l'aurez jettée
Vous peindra toutes deux auec des traits d'horreur
Qui feront de sa haine vne aueugle fureur,
Et lors, ie ne dy pas tout ce que i'apprehende.
Son ame est violente, & son amour est grande,
Verser le sang aimé ce n'est pas l'en guerir,
Et le desesperer ce n'est pas l'acquerir.

MARCELLE.

Ainsi donc vous laissez Theodore impunie?

VALENS.

Non, ie la veux punir, mais par l'ignominie,
Et pour forcer Placide à vous porter ses vœux,
Rendre cette Chrestienne indigne de ses feux.

MARCELLE.

Ie ne vous entends point.

VALENS.

Contentez-vous, Madame,
Que ie voy plainement les desirs de vostre ame,
Que de vostre interest ie veux faire le mien,
Allez, & sur ce point ne demandez plus rien,
Si ie m'expliquois mieux, quoy que son ennemie,
Vous la garantiriez d'une telle infamie,
Et quelque bon succez qu'il en faille esperer,
Vostre haute vertu ne pourroit l'endurer.
Agréez ce supplice, & sans que ie le nomme,
Sçachez qu'assez souuent on le pratique à Rome,
Il est craint des Chrestiens, il plaist à l'Empereur,
Aux filles de sa sorte il fait le plus d'horreur,
Et celle qu'aujourd'huy veut perdre vostre haine
Voudroit de mille morts rachepter cette peine.

MARCELLE.

Soit que vous me vouliez esblouyr, ou vanger,
Iusqu'à l'éuenement ie n'en veux point iuger,
Ie vous en laisse faire. Adieu, disposez d'elle,
Mais gardez d'oublier qu'en fin ie suis Marcelle,
Et que si vous trompez un si iuste couroux
Ie me sçauray bien-tost vanger d'elle & de vous.

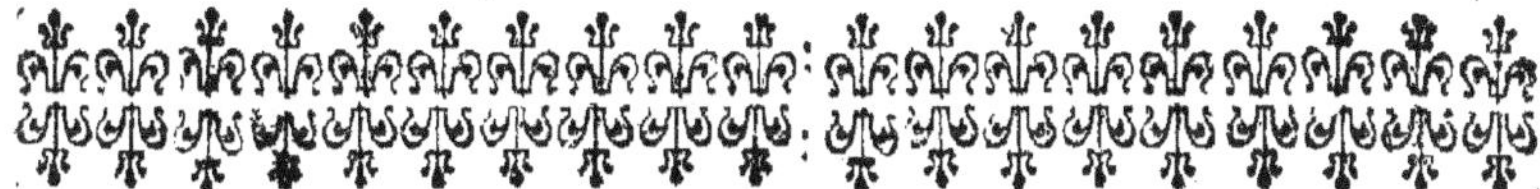

SCENE VII.

VALENS, PAVLIN.

VALENS.

L'Imperieuse humeur! voy comme elle me braue,
Comme son fier orgueil m'ose traiter d'esclaue.

PAVLIN.

Seigneur, i'en suis confus, mais vous le meritez,
Au lieu d'y resister vous vous y soubmettez.

VALENS.

Ne t'imagine pas que dans le fonds de l'ame
Ie préfere à mon fils les fureurs d'vne femme,
L'vn m'est plus cher que l'autre, & par ce triste Arrest
C'est de luy seulement que ie prens l'interest.
Theodore est Chrestienne, & ce honteux supplice
Vient moins de ma rigueur que de mon artifice.

Cette haute infamie où ie la veux plonger
Eſt moins pour la punir que pour la voir changer.
Ie cognoy les Chreſtiens, la mort la plus cruelle
Endurcit leur conſtance, & redouble leur zele,
Et ſans s'épouuanter de tous nos chaſtiments
Ils trouuent des douceurs au milieu des tourments,
Mais la pudeur peut tout ſur l'eſprit d'vne fille
Dont la vertu reſpond à l'illuſtre famille,
Et j'attens aujourd'huy d'vn ſi puiſſant effort
Ce que n'obtiendroient pas les frayeurs de la mort.
Apres ce grand effet j'oſeray tout pour elle,
En deſpit de Flauie, en deſpit de Marcelle,
Et ie n'ay rien à craindre auprés de l'Empereur
Si ce cœur endurcy renonce à ſon erreur.
Luy-meſme il me loüera d'auoir ſçeu la reduire,
Luy-meſme il deſtruira ceux qui m'en voudroient nuire,
I'auray lieu de brauer Marcelle, & ſes amis:
Ma vertu me ſouſtient où ſon credit m'a mis,
Mais elle me perdroit quelque rang que ie tienne
Si j'oſois à ſes yeux ſauuer vne Chreſtienne.
Va la voir de ma part, & taſche à l'eſtonner,
Dy-luy qu'à tout le peuple on va l'abandonner,
Tranche le mot en fin, que ie la proſtituë,
Et quand tu la verras troublée & combatuë,

Donne entrée à Placide & laisse agir son feu :
Mais sur tout cache-luy que c'est par mon adueu.
Les larmes d'vn amant , & sa honte si proche
Pourront en sa faueur fendre ce cœur de roche,
Alors elle n'a point d'ennemis si puissans,
Dont elle ne triomphe auec vn peu d'encens,
Et cette ignominie où ie l'ay condamnée
Se changera soudain en heureux Hymenée.

PAVLIN.

Vostre prudence est rare & i'en suiuray les loix.
Vueille le iuste Ciel seconder vostre choix,
Et par vne influence vn peu moins rigoureuse
Disposer Theodore à vouloir estre heureuse.

Fin du second Acte.

ACTE III.

SCENE PREMIERE.

THEODORE, PAVLIN.

THEODORE.

V m'allez-vous conduire ?

PAVLIN.

Il est en vostre choix,
Suiuez moy dans le Temple, ou subissez nos loix.

THEODORE.

De cette indignité Valens est donc capable !

PAVLIN.

Il esgale la peine au crime du coupable.

THEODORE.

Si le mien est trop grand pour le dissimuler
N'est-il point de tourments qui puissent l'égaler ?

PAVLIN.

Comme dans les tourments vous trouuez des delices
Il veut dans les plaisirs vous trouuer des supplices,
Et par vn chastiment aussi grand que nouueau
De vostre vertu mesme il fait vostre bourreau.

THEODORE.

Ah : que c'est en effet vn estrange supplice
Quand la vertu se voit sacrifiée au vice !

PAVLIN.

Ce mespris de la mort qui par tout à nos yeux
Braue si hautement & nos loix, & nos Dieux,
Cette indigne fierté ne seroit pas punie
A ne vous rien oster de plus cher que la vie.
Il faut vous arracher pour punir ces mespris
Ce que chez vostre sexe on met à plus haut pris,
Ou qu'en fin ce grand cœur, que feu, ny fer ne dompte,
Soit dompté par l'effort d'vne loüable honte,

Et que vostre pudeur rende à nos Immortels
L'encens que vostre orgueil refuse à leurs Autels.

THEODORE.

Valens me fait par vous porter cette menace,
Mais s'il hait les Chrestiens, il respecte ma race,
Le sang d'Antiochus n'est pas encor si bas
Qu'on l'abandonne en proye aux plaisirs des soldats.

PAVLIN.

Ne vous figurez point qu'en vn tel sacrilege
Le sang d'Antiochus ait quelque priuilege,
Les Dieux sont au dessus des Roys dont vous sortez,
Et l'on vous traite icy comme vous les traitez.
Vous les deshonorez, & l'on vous deshonore.

THEODORE.

Vous leur immolez donc l'honneur de Theodore,
A ces Dieux dont en fin la plus sainte action
N'est qu'inceste, adultere, & prostitution?
Pour vanger les mespris que ie fais de leurs Temples
Ie me voy condamnée à suiure leurs exemples,
Et dans vos dures loix ie ne puis éuiter
Ou de leur rendre hommage, ou de les imiter.
Dieu de la pureté que vos loix sont bien autres!

PAVLIN.

Au lieu de blaſphemer obeyſſez aux noſtres,
Et ne redoublez point par vos impietez
La haine & le couroux de nos Dieux irritez,
Apres nos chaſtiments ils ont encor leur foudre,
On vous donne de grace vne heure à vous reſoudre,
Vous ſçauez voſtre Arreſt, vous auez à choiſir,
Vſez vtilement de ce peu de loiſir.

THEODORE.

Quelles ſont vos rigueurs, ſi vous le nommez grace,
Et quel choix voulez-vous qu'vne Chreſtienne face
Reduite à balancer ſon eſprit agité
Entre l'Idolatrie, & l'impudicité?
Le choix eſt inutile où les maux ſont extrémes,
Reprenez voſtre grace & choiſiſſez vous meſmes,
Quiconque peut choiſir conſent à l'vn des deux,
Et le conſentement eſt ſeul laſche & honteux.
Dieu tout iuſte, & tout bon, qui lit dans nos penſées,
N'impute point de crime aux actions forcées;
Soit que vous contraigniez pour vos Dieux impuiſſants
Mon corps à l'infamie, ou ma main à l'encens,
Ie ſçauray conſeruer d'vne ame reſoluë
A l'eſpoux ſans macule vne eſpouſe impolluë.

SCENE II.

PLACIDE, THEODORE, PAVLIN.

THEODORE.

Mais que voy-ie? Ah, Seigneur! est-ce Marcelle, ou vous
Dont sur mon innocence esclate le couroux?
L'Arrest qu'a contre moy prononcé vostre pere
Est-ce pour la vanger, ou pour vous satisfaire?
Est-ce mon ennemie ou mon illustre amant
Qui du nom de ses Dieux abuse insolemment?
Ou si vos feux en fin de sa haine complices
Me voyant accusée ont choisi mes supplices,
Et changeant en fureur vos respects genereux
Font mon premier bourreau d'vn Heros amoureux?

PLACIDE.

Laissez nous seuls, Paulin.

PAVLIN.

On me l'a miſe en garde.

PLACIDE.

Ie ſçay iuſqu'à quel point ce deuoir vous regarde,
Prenez ſoin de la porte, & ſans me repliquer,
Ce n'eſt pas deuant vous que ie veux m'expliquer.

PAVLIN.

Seigneur....

PLACIDE.

Laiſſez-nous dis-ie, & craignez ma colere,
Je vous garantiray de celle de mon pere.

SCENE III.

PLACIDE, THEODORE.

THEODORE.

QVoy, vous chassez Paulin, & vous craignez ses yeux,
Vous qui ne craignez pas la colere des Cieux ?

PLACIDE.

Redoublez vos mespris, mais bannissez des craintes
Qui portent à mon cœur de plus rudes atteintes,
Il sont encor plus doux que les indignitez
Qu'imputent vos frayeurs à mes temeritez,
Et ce n'est pas contre eux que mon ame s'irrite,
Ie sçay qu'ils font iustice à mon peu de merite,
Et lors que vous pouuiez iouyr de vos dédains
Si j'osois les nommer quelquefois inhumains,
Ie les iustifiois dedans ma conscience,
Et ie n'attendois rien que de ma patience,

Sans

Sans que pour ces grandeurs qui ſont tant de jaloux
Ie me ſois iamais creu moins indigne de vous.
Außi ne penſez pas que ie vous importune
De payer mon amour, ou de voir ma fortune,
Ie ne demande pas vn bien qui leur ſoit deu,
Mais ie viens pour vous rendre vn bien preſque perdu,
Encor le meſme amant qu'vne rigueur ſi dure
A touſiours veu bruſler, & ſouffrir ſans murmure,
Qui plaint du ſexe en vous les reſpects violez,
Voſtre liberateur enfin, ſi vous voulez.

THEODORE.

Pardonnez donc, Seigneur, à la premiere idée
Qu'a jetté dans mon ame vne peur mal fondée,
De mille objets d'horreur mon eſprit combatu
Auroit tout ſoupçonné de la meſme vertu:
Dans vn peril ſi proche & ſi grand pour ma gloire
Comme ie dois tout craindre, außi ie puis tout croire,
Et mon honneur timide entre tant d'ennemis
Sur les ordres du pere a mal iugé du fils.
Je voy, graces au Ciel, par vn effet contraire
Que la vertu du fils ſouſtient celle du pere,
Qu'elle ranime en luy la raiſon qui mouroit,
Qu'elle r'appelle en luy l'honneur qui s'égaroit,

Et le restablissant dans vne ame si belle
Destruit heureusement l'ouurage de Marcelle.
Donc à vostre priere il s'est laissé toucher ?

PLACIDE.

I'aurois touché plustost vn cœur tout de rocher,
Soit crainte, soit amour qui possede son ame,
Elle est toute asseruie aux fureurs d'vne femme,
Ie le dis à ma honte, & i'en rougis pour luy,
Il est inexorable, & i'en mourrois d'ennuy
Si nous n'auions l'Egypte où fuir l'ignominie
Dont vous veut laschement combler sa tyrannie.
Consentez-y, Madame, & ie suis assez fort
Pour rompre vos prisons & changer vostre sort :
Que si vostre pudeur au peuple abandonnée
S'en peut mieux affranchir que par mon Hymenée,
S'il est quelqu'autre voye à vous sauuer l'honneur,
I'y consens, & renonce encore à mon bon-heur ;
Mais si contre vn Arrest à cét honneur funeste
Pour en rompre le coup ce moyen seul vous reste,
Si refusant Placide il vous faut estre à tous,
Fuyez cette infamie en suiuant vn espoux,
Suiuez moy dans des lieux où ie seray le maistre,
Où vous serez sans peur ce que vous voudrez estre,

Et peut-estre ſuiuant ce que vous reſoudrez
Ie ne ſeray bien-toſt que ce que vous voudrez.
C'eſt aſſez m'expliquer, que rien ne vous retienne,
Ie vous aime, Madame, & vous aime Chreſtienne.
Venez me donner lieu d'aimer ma dignité
Qui ſera mon bon-heur & voſtre ſeureté.

THEODORE.

N'eſperez pas, Seigneur, que mon ſort déplorable
Me puiſſe à voſtre amour rendre plus fauorable,
Et que d'vn ſi grand coup mon eſprit abbatu
Defere à ſes malheurs plus qu'à voſtre vertu.
Ie l'ay touſiours cognuë, & touſiours eſtimée,
Ie l'ay plainte ſouuent d'aimer ſans eſtre aimée,
Et par tous ces deſdains où i'ay ſçeu recourir
J'ay voulu vous déplaire afin de vous guerir.
Loüez-en le deſſein en apprenant la cauſe,
Vn obſtacle eternel à vos deſirs s'oppoſe,
Chreſtienne, & ſous les loix d'vn plus puiſſant époux....
Mais, Seigneur, à ce mot ne ſoyez pas jaloux,
Quelque haute ſplendeur que vous teniez de Rome,
Il eſt plus grand que vous, mais ce n'eſt point vn homme,
C'eſt le Dieu des Chreſtiens, c'eſt le maiſtre des Roys,
C'eſt luy qui tient ma foy, c'eſt luy dont i'ay fait choix,

Et c'est enfin à luy que mes vœux ont donnée
Cette virginité que l'on a condamnée.
Que puis-ie donc pour vous n'ayant rien à donner?
Et par où vostre amour se peut-il couronner,
Si pour moy vostre Hymen n'est qu'vn lasche adultere
D'autant plus criminel qu'il seroit volontaire,
Dont le Ciel puniroit les sacrileges nœuds,
Et que ce Dieu jaloux vangeroit sur tous deux?
Non, non, en quelque estat que le sort m'ait reduite,
Ne me parlez, Seigneur, ny d'Hymen, ny de fuite,
C'est changer d'infamie, & non pas l'éuiter,
Loin de m'en garantir c'est m'y précipiter.
Mais pour brauer Marcelle, & m'affranchir de honte,
Il est vne autre voye & plus seure & plus prompte,
Que dans l'eternité j'aurois lieu de benir,
La mort, & c'est de vous que ie dois l'obtenir.
Si vous m'aimez encor (comme j'ose le croire)
Vous deuez cette grace à vostre propre gloire,
En m'arrachant la mienne on la va déchirer,
Et c'est vous que par moy l'on va deshonorer.
L'amant si fortement s'vnit à ce qu'il aime,
Qu'il en fait dans son cœur vne part de luy-mesme,
C'est par là qu'on vous blesse, & c'est par là, Seigneur,
Que peut iusques à vous aller le deshonneur.

Tranchez donc cette part par où l'ignominie
Pourroit soüiller l'esclat d'vne si belle vie,
Rendez à vostre honneur toute sa pureté,
Et mettez par ma mort son lustre en seureté.
Mille dont vostre Rome adore la memoire
Se sont bien tous entiers immolez à leur gloire,
Comme eux en vray Romain de la vostre jaloux
Immolez cette part trop indigne de vous,
Sauuez-la par sa perte, ou si quelque tendresse
A ce bras genereux imprime sa foiblesse,
Si du sang d'vne fille il craint à se rougir,
Armez, armez le mien, & le laissez agir,
Ma loy me le deffend, mais mon Dieu me l'inspire,
Il parle, & j'obeys à son secret empire,
Et contre l'ordre exprés de son commandement
Ie sens que c'est de luy que vient ce mouuement.
Pour le suiure, Seigneur, prestez donc cette espée...

PLACIDE.

Vous l'aurez, vous l'aurez, mais dans mon sang trempée,
Et vostre bras du moins en receura du mien
Le glorieux exemple auant que le moyen.

THEODORE.

Ah, ce n'est pas pour vous vn mouuement à suiure,
C'est à moy de mourir, mais c'est à vous de viure.

PLACIDE.

Ah, faites moy donc viure, ou me laissez mourir,
Cessez de me tuer, ou de me secourir,
Puisque vous n'écoutez ny mes vœux, ny mes larmes,
Puisque la mort pour vous a plus que moy de charmes,
Souffrez que ce trespas que vous trouuez si doux
Ait à son tour pour moy plus de douceur que vous.
Puis-ie viure & vous voir morte, ou deshonorée?
Vous que de tout mon cœur i'ay tousiours adorée?
Vous qui de mon destin reglez le triste cours?
Vous où ie mets ma gloire, où j'attache mes iours?
Non, non, s'il vous faut voir deshonorée, ou morte,
Souffrez vn desespoir où la raison me porte,
Renoncer à la vie auant de tels malheurs
Ce n'est que préuenir l'effet de mes douleurs.
En ces extrémitez ie vous conjure encore,
Non par ce zele ardant d'vn cœur qui vous adore,
Non par ce vain éclat de tant de dignitez,
Trop au dessous du sang des Roys dont vous sortez,
Non par ce desespoir où vous poussez ma vie;
Mais par la sainte horreur que vous fait l'infamie,
Par le Dieu que i'ignore & pour qui vous viuez,
Et par ce mesme bien que vous luy conseruez,

Daignez-en éuiter la perte irreparable,
Et sous les saints liens d'vn nœud si venerable
Mettez en seureté ce qu'on va vous rauir.

THEODORE.

Vous n'estes pas celuy dont Dieu s'y veut seruir :
Il sçaura bien sans vous en susciter vn autre,
Dont le bras moins puissant, mais plus saint que le vostre
Par vn zele plus pur se fera mon appuy,
Sans porter ses desirs sur vn bien tout à luy.
Mais parlez à Marcelle.

SCENE IV.

MARCELLE, PLACIDE, THEODORE, PAVLIN, STEPHANIE.

PLACIDE.

AH Dieux, quelle infortune!
Faut-il qu'à tous moments...

MARCELLE.

Ie vous suis importune
De mesler ma presence aux secrets des amants
Qui n'ont iamais besoin de pareils truchements.

PAVLIN.

Madame, on m'a forcé de puissance absoluë.

MARCELLE à Paulin.

L'ayant soufferte ainsi vous l'auez bien vouluë,
Ne me repliquez plus, & me la renfermez.

SCENE V.

MARCELLE, PLACIDE, STEPHANIE.

MARCELLE.

AInsi donc vos desirs en sont tousiours charmez,
Et quand vn iuste Arrest la couure d'infamie
Comme de tout l'Empire & des Dieux ennemie,

Au milieu de ſa honte elle plaiſt à vos yeux
Et vous fait l'ennemy de l'Empire & des Dieux,
Tant les illuſtres noms d'infame & de rebelle
Vous ſemblent precieux à les porter comme elle?
Vous trouuez, ie m'aſſeure, en vn ſi digne lieu
Cét objet de vos vœux encor digne d'vn Dieu?
I'ay conſerué ſon ſang de peur de vous déplaire,
Et pour ne forcer pas voſtre iuſte colere,
A ce ſerment conceu par tous les Immortels
De vanger ſon treſpas iuſques ſur les Autels.
Vous vous eſtiez par là fait vne loy ſi dure
Que ſans moy vous ſeriez ſacrilege, ou parjure,
Je vous en ay fait grace en luy laiſſant le iour,
Et j'eſpargne du moins vn crime à voſtre amour.

PLACIDE.

Triomphez-en dans l'ame, & taſchez de paroiſtre
Moins inſenſible aux maux que vous auez fait naiſtre,
En l'eſtat où ie ſuis c'eſt vne laſcheté
D'inſulter aux malheurs où vous m'auez jetté,
Et l'amertume en fin de cette raillerie
Auroit tourné bien-toſt ma douleur en furie.
Si quelque eſpoir arreſte & ſuſpend mon couroux,
Jl ne peut eſtre grand puiſqu'il n'eſt plus qu'en vous:

En vous que i'ay traitée auec tant d'insolence,
En vous de qui la haine a tant de violence,
Contre ces malheurs mesme où vous m'auez jetté
I'espere encor en vous trouuer quelque bonté.
Ie fais plus, ie l'implore, & cette ame si fiere
Du haut de son orgueil descend à la priere,
Apres tant de mespris s'abaisse plainement
Et de vostre triomphe acheue l'ornement.
Voyez ce qu'aucun Dieu n'eust osé vous promettre,
Ce que iamais mon cœur n'auroit creu se permettre,
Placide suppliant, Placide à vos genoux,
Vous doit estre, Madame, vn spectacle assez doux,
Et c'est par la douceur de ce mesme spectacle
Que mon cœur vous demande vn aussi grand miracle.
Arrachez Theodore aux hontes d'vn Arrest
Qui mesle auec le sien mon plus cher interest,
Toute ingrate, inhumaine, inflexible, Chrestienne,
Madame, elle est mon choix, & sa gloire est la mienne,
S'il faut qu'elle subisse vne si dure loy
Toute l'ignominie en rejaillit sur moy,
Et ie n'ay pas moins qu'elle à rougir d'vn supplice
Qui profane l'Autel où i'ay fait sacrifice,
Et de l'illustre objet de mes plus saints desirs
Fait l'infame rebut des plus sales plaisirs.

S'il vous demeure encor quelque espoir pour Flauie
Conseruez-moy l'honneur pour conseruer ma vie,
Et songez que l'affront où vous m'abandonnez
Deshonore l'espoux que vous luy destinez,
Ie vous le dis encor, sauuez-moy cette honte,
Ne desesperez pas vne ame qui se dompte,
Et par le noble effort d'vn genereux employ
Triomphez de vous-mesme aussi bien que de moy.
Theodore est pour vous vne vtile ennemie,
Et si, proche qu'elle est de choir dans l'infamie,
Ma plus sincere ardeur n'en peut rien obtenir,
Vous n'auez pas beaucoup à craindre l'aduenir,
Le temps ne la rendra que plus inexorable,
Le temps détrompera peut-estre vn miserable,
Daignez luy donner lieu de me pouuoir guerir
Et ne me perdez pas en voulant m'acquerir.

MARCELLE.

Quoy, vous voulez enfin me deuoir vostre gloire!
Certes vn tel miracle est difficile à croire,
Que vous qui n'aspiriez qu'à ne me deuoir rien
Vous vouliez me deuoir vn si precieux bien.
Mais comme en ses desirs aisément on se flatte,
Deussay-ie contre moy seruir vne ame ingrate,

Perdre encor mes faueurs, & m'en voir abuser,
Ie vous aime encor trop pour vous rien refuser.
Ouy, puisque Theodore en fin me rend capable
De vous rendre vne fois vn seruice agreable,
Puisque son interest vous force à me traiter
Mieux que tous mes bien-faits n'auoient sçeu meriter,
Et par soin de vous plaire, & par recognoissance
Ie vay pour l'vn & l'autre employer ma puissance,
Et pour vn peu d'espoir qui m'est en vain rendu
Rendre à mes ennemis l'honneur presque perdu.
Ie vay d'vn iuste Iuge adoucir la colere,
Rompre le triste effet d'vn Arrest trop seuere,
Respondre à vostre attente, & vous faire esprouuer
Cette bonté qu'en moy vous esperez trouuer.
Iugez par cette espreuue à mes vœux si cruelle,
Quel pouuoir vous auez sur l'esprit de Marcelle,
Et ce que vous pourriez vn peu plus complaisant
Quand vous y pouuez tout mesme en la mesprisant.
Mais pourray-ie à mon tour vous faire vne priere?

PLACIDE.

Madame, au nom des Dieux, faites-moy grace entiere,
En l'estat où ie suis quoy qu'il puisse aduenir
Ie vous dois tout promettre & ne puis rien tenir,

Ie ne vous puis donner qu'vne attente friuole,
Ne me reduisez point à manquer de parole,
Je crains, mais j'aime encor, & mon cœur amoureux....

MARCELLE.

Le mien est raisonnable autant que genereux,
Ie ne demande pas que vous cessiez encore
Ou de hayr Flauie, ou d'aimer Theodore,
Ce grand coup doit tomber plus insensiblement,
Et ie me deffierois d'vn si prompt changement.
Il faut languir encor dedans l'incertitude,
Laisser faire le temps & son ingratitude,
Ie ne veux à present qu'vne fausse pitié,
Vne feinte douceur, vne ombre d'amitié:
Vn moment de visite à la pauure Flauie
Des portes du trespas rappelleroit sa vie,
Cependant que pour vous ie vay tout obtenir,
Pour soulager ses maux allez l'entretenir,
Ne luy promettez rien, mais souffrez qu'elle espere,
Et trompez-la du moins pour la rendre à sa mere.
Vn coup d'œil y suffit, vn mot ou deux plus doux,
Faites vn peu pour moy quand ie fais tout pour vous,
Daignez pour Theodore vn moment vous contraindre.

PLACIDE.

Vn moment eſt bien long à qui ne ſçait pas feindre,
Mais vous m'en conjurez par vn nom trop puiſſant
Pour ne rencontrer pas vn cœur obeyſſant,
J'y vay, mais par pitié ſouuenez-vous vous meſme
Des troubles d'vn amant qui craint pour ce qu'il aime,
Et qui n'a pas pour feindre aſſez de liberté
Tant que pour ſon objet il eſt inquieté.

MARCELLE.

Allez ſans plus rien craindre ayant pour vous Marcelle.

SCENE VI.

MARCELLE, STEPHANIE.

STEPHANIE.

ENfin vous triomphez de cét eſprit rebelle.

MARCELLE.

Quel triomphe!

STEPHANIE.

Eſt-ce peu que de voir à vos pieds
Sa haine & ſon orgueil en fin humiliez ?

MARCELLE.

Quel triomphe, te dis-ie ! & qu'il a d'amertumes !
Et que nous ſommes loin de ce que tu préſumes !
Tu le vois à mes pieds pleurer, gemir, prier,
Mais ne croy pas pourtant le voir s'humilier,
Ne croy pas qu'il ſe rende aux bontez qu'il implore,
Mais voy de quelle ardeur il aime Theodore,
Et iuge quel pouuoir cét amour a ſur luy
Puiſqu'il peut le reduire à chercher mon appuy.
Que n'oſeront ſes feux entreprendre pour elle
S'ils ont pû l'abaiſſer iuſqu'aux pieds de Marcelle,
Et que dois-ie eſperer d'vn cœur ſi fort eſpris
Qui meſme en m'adorant me fait voir ſes meſpris ?
Dans ces ſubmiſſions voy ce qui l'y conuie,
Meſure à ſon amour ſa haine pour Flauie,
Et voyant l'vn & l'autre en ſon abaiſſement
Iuge de mon triomphe vn peu plus ſainement.
Voy dans ſon triſte effet ſa ridicule pompe,
J'ay peine en triomphant d'obtenir qu'il me trompe,

Qu'il feigne par pitié, qu'il donne vn faux espoir.

STEPHANIE.

Et vous l'allez seruir de tout vostre pouuoir?

MARCELLE.

Ouy, ie le vay seruir, mais comme il le merite,
Toy, va me l'amuser dedans cette visite,
Et de tout ton pouuoir donne loisir au mien.

STEPHANIE.

Donc. . .

MARCELLE.

Le temps presse, va, sans t'informer de rien.

Fin du troisiéme Acte.

ACTE

ACTE IV.

SCENE PREMIERE.

PLACIDE, STEPHANIE sortants de chez Marcelle.

STEPHANIE rappelant Placide.

SEigneur…

PLACIDE.

Va, Stephanie, en vain tu me rappelles,
Ces feintes ont pour moy des gesnes trop cruelles,
Marcelle en ma faueur agit trop lentement,
Et laisse trop durer cét ennuyeux moment,
Pour souffrir plus long-temps vn supplice si rude
I'ay trop d'impatience & trop d'inquietude,
Il faut voir Theodore, il faut sçauoir mon sort,
Il faut…

STEPHANIE.

Ah, faites-vous, Seigneur, vn peu d'effort,
Marcelle qui vous sert de toute sa puissance
Merite bien du moins cette recognoissance,
Attendez-en l'effet dedans cét entretien,
Puisqu'elle agit pour vous, deuez-vous craindre rien?

PLACIDE.

L'effet tarde beaucoup, pour n'auoir rien à craindre,
Elle feignoit peut-estre en me priant de feindre,
On retire souuent le bras pour mieux frapper,
Qui veut que ie la trompe, a droit de me tromper.

STEPHANIE.

ConsidereZ l'humeur implacable d'vn pere,
Quelle est pour les Chrestiens sa haine & sa colere,
Combien il faut de temps afin de l'émouuoir.

PLACIDE.

Helas! il n'en faut guere à trahir mon espoir.
Peut-estre en ce moment qu'icy tu me cajolles,
Que tu remplis mon cœur d'esperances friuoles,
Ce rare & cher objet qui fait seul mon destin
Du soldat insolent est l'indigne butin.

Va flatter si tu veux la douleur de Flauie,
Et me laisse esclaircir de l'estat de ma vie,
C'est trop l'abandonner à l'injuste pouuoir.
Ouurez, Paulin, ouurez, & me la faites voir.
On ne me respond point, & la porte est ouuerte!
Paulin, Madame.

STEPHANIE.

O Dieux! la fourbe est découuerte.
Où fuiray-je?

PLACIDE.

Demeure, infame, & ne crain rien,
Ie ne veux pas d'vn sang abjet comme le tien,
Il faut à mon couroux de plus nobles victimes,
Instruy moy seulement de l'ordre de tes crimes,
Qu'a-t'on fait de mon ame? où la dois-ie chercher?

STEPHANIE.

Vous n'auez pas sujet encor de vous fascher.
Elle est ....

PLACIDE.

Dépesche, dy ce qu'en a fait Marcelle.

STEPHANIE.

Tout ce que vostre amour pouuoit attendre d'elle.
Peut-on croire autre chose auec quelque raison
Quand vous voyez desia qu'elle est hors de prison?

PLACIDE.

Ah, i'en aurois desia receu les asseurances,
Et tu veux m'amuser de vaines apparences,
Cependant que Marcelle agit comme il luy plaist,
Et fait sans resistance executer l'Arrest.
De ma credulité Theodore est punie,
Elle est hors de prison, mais dans l'ignominie,
Et ie deuois iuger dans mon sort rigoureux
Que l'ennemy qui flatte est le plus dangereux.
Mais souuent on s'aueugle, & dans des maux extrémes
Les hommes genereux iugent tout par eux-mesmes,
Et de leurs ennemis...

SCENE II.

PLACIDE, LYCANTE, STEPHANIE.

LYCANTE.

NE craignez plus, Seigneur,
Marcelle vous renuoye & la joye & l'honneur,
Elle a de l'infamie arraché Theodore.

PLACIDE.

Elle a fait ce miracle!

LYCANTE.

Elle a plus fait encore.

PLACIDE.

Ne me fay plus languir, dy promptement.

LYCANTE.

D'abord
Valens changeoit l'Arrest en vn Arrest de mort...

PLACIDE.

Ah, si de cét Arrest iusqu'à l'effet on passe...

LYCANTE.

Marcelle a refusé cette sanglante grace,
Elle la veut entiere, & tasche à l'obtenir,
Mais Valens irrité s'obstine à la bannir,
Et voulant que cét ordre à l'instant s'execute,
Quoy qu'en vostre faueur Marcelle luy dispute,
Il mande Theodore, & la veut promptement
Faire conduire aux lieux de son bannissement.

STEPHANIE.

Et vous vous alarmiez de voir sa prison vuide?

PLACIDE.

Tout fait peur à l'Amour, c'est vn enfant timide,
Et si tu le cognois tu me dois pardonner.

LYCANTE.

Elle fait ses efforts pour vous la ramener,

Et vous conjure encore vn moment de l'attendre.

PLACIDE.

Quelles graces, bons Dieux, ne luy dois-ie point rendre!
Va, dy luy que j'attens icy ce grand ſuccez,
Où ſa bonté paroiſt auecque trop d'excez.

Lycante rentre.

STEPHANIE.

Et moy ie vay pour vous conſoler ſa Flauie.

PLACIDE.

Fay-luy donc quelque excuſe au gré de ſon enuie,
Et dy-luy de ma part tout ce que tu voudras.
Mon ame n'eut iamais les ſentiments ingrats,
Et i'ay honte en ſecret d'eſtre dans l'impuiſſance
De monſtrer plus d'effets de ma recognoiſſance.

Stephanie rentre.

Certes vne ennemie à qui ie dois l'honneur
Meritoit dans ſon choix vn peu plus de bon-heur,
Deuoit trouuer vne ame vn peu moins defenduë,
Et i'ay pitié de voir tant de bonté perduë.
Mais le cœur d'vn amant ne peut ſe partager,
Elle a beau ſe contraindre, elle a beau m'obliger,
Ie n'ay qu'auerſion pour ce qui la regarde,

SCENE III

PLACIDE, PAVLIN.

PLACIDE.

Vous ne me direz plus qu'on vous l'a mise en garde, Paulin.

PAVLIN.

Elle n'est plus, Seigneur, en mon pouuoir.

PLACIDE.

Quoy, vous en souspirez ?

PAVLIN.

Ie pense le deuoir.

PLACIDE.

Souspirer du bon-heur que le Ciel me renuoye !

PAVLIN.

PAVLIN.

Ie ne voy pas pour vous de grands sujets de joye.

PLACIDE.

Qu'on la bannisse, ou non, ie la verray tousiours.

PAVLIN.

Quel fruit de cette veuë esperent vos amours?

PLACIDE.

Le temps adoucira cette ame rigoureuse.

PAVLIN.

Le temps ne rendra pas la vostre plus heureuse.

PLACIDE.

Sans doute elle aura peine à me laisser perir.

PAVLIN.

Qui le peut esperer deuoit la secourir.

PLACIDE.

Marcelle a fait pour moy tout ce que i'ay deu faire.

PAVLIN.

Je n'ay donc rien à dire, & dois icy me taire.

PLACIDE.

Non, non, il faut parler auec sincerité,
Et loüer hautement sa generosité.

PAVLIN.

Si vous me l'ordonnez ie loüeray donc sa rage,
Mais depuis quand, Seigneur, changez-vous de courage?
Depuis quand pour vertu prenez-vous la fureur?
Depuis quand loüez-vous ce qui doit faire horreur?

PLACIDE.

Ah, ie tremble à ces mots que i'ay peine à comprendre.

PAVLIN.

Ie ne sçay pas, Seigneur, ce qu'on vous fait entendre,
Ou quel puissant motif retient vostre couroux,
Mais Theodore enfin n'est plus digne de vous.

PLACIDE.

Quoy, Marcelle en effet ne l'a pas garantie?

PAVLIN.

A peine d'auec vous, Seigneur, elle est sortie,
Que l'ame toute en feu, les yeux estincelants,
Rapportant elle mesme vn ordre de Valens,
Auec trente soldats elle a saisi la porte,
Et tirant de ce lieu Theodore à main forte....

PLACIDE.

O Dieux ! iusqu'à ses pieds i'ay donc pû m'abaisser
Pour voir trahir des vœux qu'elle a feint d'exaucer,
Et pour en receuoir auec tant d'insolence
De tant de lascheté la digne recompense :
Mon cœur auoit desia pressenty ce malheur.
Mais acheue, Paulin, d'irriter ma douleur,
Et sans m'entretenir des crimes de Marcelle,
Dy-moy qui ie me dois immoler apres elle,
Et sur quels insolents apres son chastiment
Doit choir le reste affreux de mon ressentiment.

PAVLIN.

Armez-vous donc, Seigneur, d'vn peu de patience,
Et forcez vos transports à me prester silence,
Tandis que le recit d'vne injuste rigueur
Peut-estre à chaque mot vous percera le cœur.

Ie ne vous diray point auec quelle tristesse
A ce honteux supplice a marché la Princesse,
Forcé de la conduire en ces infames lieux
De honte & de despit i'en destournois les yeux,
Et pour la consoler ne sçachant que luy dire,
Ie maudissois tout bas les loix de nostre Empire,
Et vous estiez le Dieu dedans mes déplaisirs,
Qu'en secret pour les rompre inuoquoient mes souspirs.

PLACIDE.

Ah, pour gaigner ce temps on charmoit mon courage
D'vne fausse promesse, & puis d'vn faux message.
Et i'ay creu dans ces cœurs de la sincerité!
Ne fay plus de reproche à ma credulité,
Et poursuy.

PAVLIN.

Dans ces lieux à peine on l'a traisnée,
Que ie voy des soldats la troupe mutinée,
Tous courent à la proye auec auidité,
Tous monstrent à l'enuy mesme brutalité.
Ie croyois desia voir de cette ardeur égale
Naistre quelque discorde à ces Tigres fatale,
Quand Didime . . .

PLACIDE.

Ah le lasche ! ah le traistre !

PAVLIN.

Escoutez,
Ce traistre a reüny toutes leurs volontez.
Le front plain d'impudence, & l'œil armé d'audace,
Compagnons, *a-t'il dit,* on me doit vne grace,
Depuis plus de dix ans ie souffre les mépris
Du plus ingrat objet dont on puisse estre épris,
Ce n'est pas de mes feux que ie veux recompense,
Mais de tant de rigueurs la premiere vangeance,
Apres vous punirez à loisir ses dédains.
Il leur jette de l'or en suite à pleines mains,
Et lors, soit par respect qu'on eust pour sa naissance,
Soit qu'ils eussent marché sous son obeyssance,
Soit que son or pour luy fist vn si prompt effort,
Ces cœurs en sa faueur tombent soudain d'accord,
Il entre sans obstacle.

PLACIDE.

Il y mourra, l'infame,
Vien me voir dans ses bras luy faire vomir l'ame,

Vien voir de ma colere vn iuste & prompt effet
Ioindre en ces mesmes lieux sa peine à son forfait,
Confondre son triomphe auecque son supplice.

PAVLIN.

Ce n'est pas en ces lieux qu'il vous fera iustice,
Didime en est sorty.

PLACIDE.

Quoy, Paulin, ce voleur
A desia par sa fuite éuité ma douleur!

PAVLIN.

Ouy, mais il n'estoit plus en sortant ce Didime
Dont l'orgueil insolent demandoit sa victime,
Ses cheueux sur son front s'efforçoient de cacher
La rougeur que son crime y sembloit attacher,
Et le remords de sorte abbatoit son courage
Que mesme il n'osoit plus nous monstrer son visage,
L'œil bas, le pied timide, & le corps chancelant,
Tel qu'vn coupable en fin qui s'échappe en tremblant.
A peine est-il sorty qu'auecque violence
Ie voy de ces mutins renaistre l'insolence,
Chacun en sa valeur mettant tout son appuy
S'efforce de monstrer qu'il n'a cedé qu'à luy.

On ſe pouſſe, on ſe preſſe, on ſe bat, on ſe tuë,
I'en vois vne partie à mes pieds abbatuë ;
Au ſpectacle ſanglant que ie m'eſtois promis
Cleobule ſuruient auec quelques amis,
Met l'eſpée à la main, tourne en fuite le reſte,
Entre.

PLACIDE.

Luy ſeul?

PAVLIN.

Luy ſeul.

PLACIDE.

Ah Dieux, quel coup funeſte!

PAVLIN.

Sans doute il n'eſt entré qu'afin de l'en tirer.

PLACIDE.

Dy, dy qu'il eſt entré pour la deshonorer,
Et que le ſort cruel pour haſter ma ruine
Veut qu'aprés vn riual vn amy m'aſſaſſine.
Le traiſtre! mais dy-moy, l'en as-tu veu ſortir?
Monſtroit-il de l'audace, ou bien du repentir?
Qui des ſiens l'a ſuiuy?

PAVLIN.

Cette troupe fidelle
M'a chassé comme Chef des soldats de Marcelle,
Je n'ay rien veu de plus, mais loin de le blasmer,
Ie présume....

PLACIDE.

Ah, ie sçay ce qu'il faut présumer,
Il est entré luy seul.

PAVLIN.

Ayant si peu d'escorte
C'est ainsi qu'il a deu s'asseurer de la porte,
Et si là tous ensemble il ne les eust laissez,
Assez facilement on les auroit forcez.
Mais le voicy qui vient pour vous en rendre conte,
A son zele de grace espargnez cette honte.

SCENE IV.

PLACIDE, PAVLIN, CLEOBVLE.

PLACIDE.

ET bien, vostre parente? elle est hors de ces lieux,
Où l'on sacrifioit sa pudeur à nos Dieux?

CLEOBVLE.

Ouy, Seigneur.

PLACIDE.

I'ay regret qu'vn cœur si magnanime
Se soit ainsi laissé préuenir par Didime.

CLEOBVLE.

I'en dois estre honteux, mais ie m'estonne fort
Qui vous a pû si tost en faire le rapport,
I'en croyois apporter les premieres nouuelles.

PLACIDE.

I'ay ſans vous, grace aux Dieux, aſſez d'amis fidelles,
Mais ne differez plus à me la faire voir.

CLEOBVLE.

Qui, Seigneur?

PLACIDE.

Theodore.

CLEOBVLE.

Eſt-elle en mon pouuoir?

PLACIDE.

Ne me dites vous pas que vous l'auez ſauuée?

CLEOBVLE.

Je vous le dirois! moy, qui ne l'ay plus trouuée!

PLACIDE.

Quoy, ſoudain par vn charme elle auoit diſparu?

CLEOBVLE.

Puiſque deſia ce bruit iuſqu'à vous a couru,

Vous ſçauez que ſans charme elle a fuy ſa diſgrace,
Que ie n'ay plus trouué que Didime en ſa place,
Quel plaiſir prenez-vous à me le déguiſer ?

PLACIDE.

Quel plaiſir prenez-vous vous meſme à m'abuſer
Quand Paulin de ſes yeux a veu ſortir Didime ?

CLEOBVLE.

Si ſes yeux l'ont trompé, l'erreur eſt legitime,
Et ſi vous n'en ſçauez que ce qu'il vous a dit,
Eſcoutez-en, Seigneur, vn fidelle recit.
Vous ignorez encor la meilleure partie,
Sous l'habit de Didime elle-meſme eſt ſortie.

PLACIDE.

Qui ?

CLEOBVLE.

Voſtre Theodore, & cét audacieux
Sous le ſien au lieu d'elle eſt reſté dans ces lieux.

PLACIDE.

Que dis-tu, Cleobule ? ils ont fait cét eſchange ?

M ij

CLEOBVLE.

C'est vne nouueauté qui semble assez estrange....

PLACIDE.

Et qui me porte encor de plus estranges coups.
Voy si c'est sans raison que i'en estois jaloux,
Et malgré les aduis de ta fausse prudence
Iuge de leur amour par leur intelligence.

CLEOBVLE.

I'ose en douter encore, & ie ne voy pas bien
Si c'est zele d'amant, ou fureur de Chrestien.

PLACIDE.

Non, non, le temeraire au hazard de sa vie
A mis en seureté la fleur qu'il a cueillie,
Par tant de feints mespris elle qui t'abusoit,
Luy conseruoit ce cœur qu'elle me refusoit,
Et ses dédains cachoient vne faueur secrette,
Dont tu n'estois pour moy qu'vn aueugle interprete,
L'œil d'vn amant jaloux a bien d'autres clartez,
Les cœurs pour ses soupçons n'ont point d'obscuritez,
Son malheur luy fait iour iusques au fond d'vne ame
Pour y lire sa perte escrite en traits de flame.

Elle me disoit bien, l'ingrate, que son Dieu
Sçauroit bien sans mon bras la tirer de ce lieu,
Et seure qu'elle estoit du secours de Didime
A se seruir du mien elle eust creu faire vn crime.
Mais auroit-on bien pris pour generosité
L'impetueuse ardeur de sa temerité?
Apres vn tel affront & de telles offences
M'auroit-on enuié la douceur des vangeances?

CLEOBVLE.

Vous le verriez desia si i'auois pû souffrir
Qu'en cét habit de fille on vous le vinst offrir,
J'ay creu que sa valeur & l'esclat de sa race
Pouuoient bien meriter cette petite grace,
Et vous pardonnerez à ma vieille amitié
Si iusques là, Seigneur, elle estend sa pitié.
Le voicy qu'Amyntas vous améne à main forte.

PLACIDE.

Pourray-ie retenir la fureur qui m'emporte?

CLEOBVLE.

Seigneur, reglez si bien ce violent couroux
Qu'il n'en eschappe rien trop indigne de vous.

SCENE V.

PLACIDE, DIDIME, CLEOBVLE, PAVLIN, AMYNTAS, Troupe.

PLACIDE.

APproche, heureux riual, heureux choix d'vne ingrate
Dont ie voy qu'à ma honte en fin l'amour esclate.
C'est donc pour t'enrichir d'vn si noble butin
Qu'elle s'est obstinée à suiure son destin,
Et pour mettre ton ame au comble de sa joye
Cét esprit déguisé n'a point eu d'autre voye?
Dans ces lieux dignes d'elle elle a receu ta foy,
Et pris l'occasion de se donner à toy?

DIDIME.

Ah, Seigneur, traitez mieux vne vertu parfaite.

PLACIDE.

Ah, ie sçay mieux que toy comme il faut qu'on la traite,
I'en cognoy l'artifice & de tous ses mespris.
Sur quelle confiance as-tu tant entrepris?
Ma perfide marastre & mon tyran de pere
Auroient-ils contre moy choisi ton ministere,
Et pour mieux t'enhardir à me voler mon bien
T'auroient-ils promis grace, appuy, faueur, soustien?
Aurois-tu bien vny leurs fureurs à ton zele,
Son amant tout ensemble & l'Agent de Marcelle?
Qu'en as-tu fait enfin? où me la caches-tu?

DIDIME.

Derechef iugez mieux de la mesme vertu,
Ie n'ay rien entrepris, ny comme amant fidelle,
Ny comme impie agent des fureurs de Marcelle,
Ny sous l'espoir flatteur de quelque impunité,
Mais par vn pur effet de generosité:
Ie le nommerois mieux, si vous pouuiez comprendre
Par quel zele vn Chrestien ose tout entreprendre.
La mort que comme tel ie ne puis éuiter
Ne vous laisse aucun lieu de vous inquieter,
Qui s'apreste à mourir, qui court à ses supplices,
N'abaisse pas son ame à ces molles delices,

Et preſt de rendre conte à ſon iuge Eternel
Il craint d'y porter meſme vn deſir criminel.
I'ay ſauué ſon honneur d'vne rage inſenſée,
Mais ſans l'auoir ſoüillé de la moindre penſée,
Elle fuit, & ſans tache où l'inſpire ſon Dieu;
Ne m'en demandez point, ny l'ordre, ny le lieu,
Comme ie n'en pretens ny faueur, ny ſalaire,
J'ay voulu l'ignorer afin de le mieux taire.

PLACIDE.

Ah, tu me fais icy des contes ſuperflus,
I'ay trop eſté credule & ie ne le ſuis plus.
Quoy ſans en rien tirer, quoy ſans en rien pretendre,
Vn zele de Chreſtien t'a fait tout entreprendre?
Quel prodige pareil s'eſt iamais rencontré?

DIDIME.

Paulin vous aura dit comme ie ſuis entré,
Preſtez l'oreille au reſte, & puniſſez en ſuite
Tout ce que vous croirez de coupable en ſa fuite.

PLACIDE.

Dy, mais en peu de mots, & ſeur que les tourments
M'auront bien-toſt vangé de tes déguiſements.

DIDIME.

DIDIME.

La Princesse à ma veuë esgalement atteinte
D'estonnement, d'horreur, de colere, & de crainte,
A tant de paßions exposée à la fois
A perdu quelque temps l'vsage de la voix :
Außi i'auois l'audace encor sur le visage
Qui parmy ces mutins m'auoit donné passage,
Et ie portois encor sur le front imprimé
Cét insolent orgueil dont ie l'auois armé.
Enfin reprenant cœur, Arreste, *me dit-elle,*
Arreste, *& m'alloit faire vne longue querelle,*
Mais pour laisser agir l'erreur qui la surprend
Le temps estoit trop cher & le peril trop grand.
Donc pour la détromper, Non, *luy dis-ie,* Madame,
Quelque outrageux mespris dont vous traitiez ma flame,
Ie ne viens point icy comme amant indigné
Me vanger de l'objet dont ie fus dédaigné,
Vne plus sainte ardeur regne au cœur de Didime,
Il vient de vostre honneur se faire la victime,
Le payer de son sang, & s'exposer pour vous
A tout ce qu'oseront la haine, & le couroux.
Fuyez sous mon habit, & me laissez, de grace,
Sous le vostre en ces lieux occuper vostre place,

C'eſt par ce moyen ſeul qu'on vous peut garantir,
Conſeruez vne Vierge en faiſant vn Martyr.

Elle à cette priere encor demy tremblante,
Et meſlant à ſa joye vn reſte d'eſpouuante,
Me demande pardon d'vn viſage eſtonné
De tout ce que ſon ame a craint, ou ſoupçonné.
Ie m'apreſte à l'eſchange, elle à la mort s'apreſte,
Ie luy tends mes habits, elle m'offre ſa teſte,
Et demande à ſauuer vn ſi precieux bien,
Aux deſpens de ſon ſang pluſtoſt qu'au prix du mien.
Mais Dieu la perſuade & noſtre combat ceſſe,
Ie voy ſuiuant mes vœux eſchapper la Princeſſe....

PAVLIN.

C'eſtoit donc à deſſein qu'elle cachoit ſes yeux
Comme rouges de honte en ſortant de ces lieux?

DIDIME.

En luy diſant Adieu ie l'en auois inſtruite,
Et le Ciel a daigné fauoriſer ſa fuite.
Seigneur, ce peu de mots ſuffit pour vous guerir,
Viuez ſans jalouſie & m'enuoyez mourir.

PLACIDE.

Helas! & le moyen d'eſtre ſans jalouſie
Lors que ce cher objet te doit plus que la vie?

Ta courageuſe adreſſe à ſes diuins apas
Vient de rendre vn ſecours que leur deuoit mon bras,
Et lors que ie me laiſſe amuſer de paroles
Tu t'expoſes pour elle, ou pluſtoſt tu t'immoles,
Tu donnes tout ton ſang pour luy ſauuer l'honneur,
Et ie ne ſerois pas jaloux de ton bon-heur?
Mais ferois-ie perir celuy qui l'a ſauuée?
Celuy par qui Marcelle eſt plainement brauée,
Qui m'a rendu ma gloire, & preſerué mon front
Des infames couleurs d'vn ſi mortel affront?
Tu viuras. Mais ô Dieux! defendray-ie ta teſte
Alors que Theodore eſt ta iuſte conqueſte,
Et que cette beauté qui me tient ſous la loy
Ne ſçauroit plus ſans crime eſtre à d'autre qu'à toy?
N'importe, ſi ta flame en eſt mieux eſcoutée,
Ie diray ſeulement que tu l'as meritée,
Et ſans plus regarder ce que i'auray perdu,
J'auray deuant les yeux ce que tu m'as rendu.
De mille déplaiſirs qui m'arrachoient la vie
Ie n'ay plus que celuy de te porter enuie,
Ie ſçauray bien le vaincre, & garder pour tes feux
Dans vne ame jalouſe vn eſprit genereux.
Va donc, heureux riual, rejoindre ta Princeſſe,
Deſrobe-toy comme elle aux yeux d'vne Tygreſſe,

Tu m'as sauué l'honneur, j'asseureray tes iours,
Et mourray, s'il le faut, moy-mesme à ton secours.

DIDIME.

Seigneur....

PLACIDE.

Ne me dy rien. Apres de tels seruices
Ie n'ay rien à pretendre à moins que tu perisses,
Ie le sçay, ie l'ay dit, mais dans ce triste estat
Ie te suis redeuable & ne puis estre ingrat.

Fin du quatriéme Acte.

ACTE V.

SCENE PREMIERE.

PAVLIN, CLEOBVLE.

PAVLIN.

OVy, Valens pour Placide a beaucoup d'indulgence,
Il est mesme en secret de son intelligence,
C'estoit par cét Arrest luy qu'il consideroit,
Et ie vous ay conté ce qu'il en esperoit ;
Mais il hait des Chrestiens l'opiniastre zele,
Et s'il aime Placide, il redoute Marcelle,
Il en sçait le pouuoir, il en voit la fureur,
Et ne veut pas se perdre auprés de l'Empereur ;
Il ne veut pas perir pour conseruer Didime,
Puisqu'il s'est laissé prendre il payera pour son crime,

Et Valens punira son illustre attentat
Par inclination & par raison d'Estat,
Et si quelque malheur nous rendoit Theodore,
A moins que renoncer à ce Dieu qu'elle adore,
Deust Placide luy-mesme apres elle en mourir,
Par les mesmes motifs il la feroit perir.
Dans l'ame il est rauy d'ignorer sa retraite,
Il fait des vœux au Ciel pour la tenir secrette,
Il craint qu'vn indiscret la vienne reueler,
Et n'osera rien plus que de dissimuler.

CLEOBVLE.

Cependant vous sçauez ce qu'a iuré Placide,
C'est vn courage fier & que rien n'intimide,
Picqué contre Marcelle il cherche à la brauer,
Et hazardera tout afin de le sauuer.
Il a des amis prests, il en assemble encore,
Et si quelque malheur vous rendoit Theodore,
Ie préuoy des transports en luy si violents
Que ie crains pour Marcelle, & mesme pour Valens.
Mais a-t'il condamné ce genereux coupable?

PAVLIN.

Il l'examine encor, mais en Iuge implacable.

CLEOBVLE.

Il m'a permis pourtant de l'attendre en ce lieu
Pour tascher à le vaincre, ou pour luy dire Adieu.
Ah, qu'il dißiperoit vn dangereux orage
S'il vouloit à nos Dieux rendre le moindre hommage

PAVLIN.

Quand de sa folle erreur vous l'auriez diuerty
En vain de ce peril vous le croiriez sorty.
Flauie est aux abois, Theodore eschappée
D'vn mortel desespoir iusqu'au cœur l'a frappée,
Marcelle n'attend plus que son dernier souspir,
Jugez à quelle rage ira son déplaisir,
Et si, comme on ne peut s'en prendre qu'à Didime,
Son espoux luy voudra refuser sa victime.

CLEOBVLE.

Ah, Paulin, vn Chrestien à nos Autels reduit,
Fait auprés des Cesars vn trop precieux bruit,
Il leur deuient trop cher pour souffrir qu'il perisse.
Mais ie le voy desia qu'on améne au supplice.

SCENE II.

PAVLIN, CLEOBVLE, LYCANTE, DIDIME.

CLEOBVLE.

LYcante, souffre icy l'Adieu de deux amis,
Et me donne vn moment que Valens m'a promis.

LYCANTE.

J'en ay l'ordre, & ie vay disposer ma cohorte
A garder cependant les dehors de la porte,
Ie ne mets point d'obstacle à vos derniers secrets,
Mais tranchez promptement d'inutiles regrets.

SCENE

SCENE III.

CLEOBVLE, DIDIME, PAVLIN.

CLEOBVLE.

CE n'est point, cher amy, le cœur troublé d'alarmes,
Que ie t'attens icy pour te donner des larmes,
Un astre plus benin vient d'esclairer tes iours,
Il faut viure, Didime, il faut viure.

DIDIME.

Et j'y cours,
Pour la cause de Dieu s'offrir en sacrifice,
C'est courir à la vie & non pas au supplice.

CLEOBVLE.

Peut-estre dans ta Secte est-ce vne vision,
Mais l'heur que ie t'apporte est sans illusion,

Theodore est à toy, ce dernier témoignage
Et de ta paßion, & de ton grand courage,
A si bien en amour changé tous ses mespris,
Qu'elle t'attend chez moy pour t'en donner le prix.

DIDIME.

Que me sert son amour & sa recognoissance
Alors que leur effet n'est plus en sa puissance?
Et qui t'améne icy par ce frivole attrait
Aux douceurs de ma mort mesler vn vain regret,
Empescher que ma joye à mon heur ne responde,
Et m'arracher encor vn regard vers le monde?
Ainsi donc Theodore est cruelle à mon sort
Iusqu'à persecuter & ma vie & ma mort,
Dans sa haine & sa flame également à craindre,
Et moy dans l'vne & l'autre également à plaindre?

CLEOBVLE.

Ne te figure point d'impoßibilité
Où tu fais, si tu veux, trop de facilité,
Où tu n'as qu'à te faire vn moment de contrainte,
Donne à ton Dieu ton cœur, aux nostres quelque feinte,
Vn peu d'encens offert au pied de leurs Autels
Peut esgaler ton sort au sort des Immortels.

DIDIME.

Et pour cela vers moy Theodore t'enuoye ?
Son esprit adoucy me veut par cette voye ?

CLEOBVLE.

Non, elle ignore encor que tu sois arresté,
Mais ose en sa faueur te mettre en liberté,
Ose te dérober aux fureurs de Marcelle,
Et Placide t'enleue en Egypte auec elle,
Ou son cœur genereux te laisse entre ses bras
Estre auec seureté tout ce que tu voudras.

DIDIME.

Va, dangereux amy, que l'Enfer me suscite,
Ton damnable artifice en vain me sollicite,
Ce cœur inébranlable aux plus cruels tourments
A presque esté surpris de tes chatoüillements,
Leur mollesse a plus fait que le fer, ny la flame,
Elle a frappé mes sens, elle a broüillé mon ame,
Ma raison s'est troublée, & mon foible a paru,
Mais i'ay despoüillé l'homme & Dieu m'a secouru.
Va reuoir ta parente, & dy-luy qu'elle quitte
Ce soin de me payer par-de-là mon merite,

Je n'ay rien fait pour elle, elle ne me doit rien,
Ce qu'elle iuge amour n'est qu'ardeur de Chrestien,
C'est la cognoistre mal que de la recognoistre,
Ie n'en veux point de prix que du souuerain maistre,
Et comme c'est luy seul que i'ay consideré
C'est luy seul dont j'attens ce qu'il m'a preparé.
Si pourtant elle croit me deuoir quelque chose,
Et peut à mon trespas souffrir que i'en dispose,
Qu'elle en paye Placide & tasche à conseruer
Des iours que par les miens ie luy viens de sauuer,
Qu'elle fuye auec luy, c'est tout ce que veut d'elle
Le souuenir mourant d'vne flame si belle.
Mais elle mesme vient, helas, à quel dessein?

SCENE IV.

DIDIME, THEODORE, CLEOBVLE, PAVLIN, LYCANTE.

Lycante suit Theodore, & entre incontinent chez Marcelle sans rien dire.

DIDIME.

Pensez-vous m'arracher la palme de la main,
Madame, & mieux que luy m'expliquant vostre enuie,
Par vn charme plus fort m'attacher à la vie?

THEODORE.

Ouy, Didime, il faut viure, & me laisser mourir,
C'est à moy qu'on en veut, c'est à moy de perir.

CLEOBVLE à Theodore.

O Dieux ! quelle fureur aujourd'huy vous possede?
Mais préuenons le mal par le dernier remede, à Paulin.
Ie cours trouuer Placide, & toy, tire en longueur
De Valens, si tu peux, la derniere rigueur.

SCENE V.

DIDIME, THEODORE, PAVLIN.

DIDIME.

Qvoy! ne craignez-vous point qu'vne rage ennemie
Vous fasse de nouueau traisner à l'infamie?

THEODORE.

Non, non, Flauie est morte, & Marcelle en fureur
Dédaigne vn chastiment qui m'a fait tant d'horreur,
Ie n'en ay rien à craindre, & Dieu me le reuele,
Ce n'est plus que du sang que veut cette cruelle,
Et quelque cruauté qu'elle vueille essayer
S'il ne faut que du sang i'ay trop dequoy payer.
Rends-moy, rends-moy ma place assez & trop gardée,
Pour me sauuer l'honneur ie te l'auois cedée,
Iusques-là seulement i'ay souffert ton secours,
Mais ie la viens reprendre alors qu'on veut mes iours.

Rends, Didime, rends-moy le ſeul bien où j'aſpire,
C'eſt le droit de mourir, c'eſt l'honneur du Martyre,
A quel tiltre peux-tu me retenir mon bien?

DIDIME.

A quel droit voulez-vous vous emparer du mien?
C'eſt à moy qu'appartient, quoy que vous puiſsiez dire,
Et le droit de mourir, & l'honneur du Martyre,
De ſort comme d'habits nous auons ſçeu changer,
Et l'Arreſt de Valens me le vient d'adjuger.

THEODORE.

Il ne t'a condamné qu'au lieu de Theodore,
Mais ſi l'Arreſt t'en plaiſt, l'effet m'en deshonore,
Te voir au lieu du mien payer Dieu de ton ſang,
C'eſt te laiſſer au Ciel aller prendre mon rang.
Ie ne ſouffriray point, quoy que Valens ordonne,
Qu'en me rendant ma gloire on m'oſte ma couronne,
I'en appelle à Marcelle, & ſans plus t'abuſer
Voy comme ce grand Dieu luy-meſme en vient d'vſer,
De cette meſme honte il ſauue Agnés dans Rome,
Il daigne s'y ſeruir d'vn Ange au lieu d'vn homme,
Mais ſi dans l'infamie il vient la ſecourir
Si toſt qu'on veut ſon ſang, il la laiſſe mourir.

DIDIME.

Sur cét exemple donc ne trouuez pas estrange
Puisqu'il se sert icy d'vn homme au lieu d'vn Ange,
S'il daigne mettre au rang de ces esprits heureux
Celuy dont pour sa gloire il se sert au lieu d'eux.
Ie n'ay regardé qu'elle en conseruant la vostre,
Et ne luy donne pas mon sang au lieu d'vn autre
Quand ce qu'il m'a fait faire a pû m'en acquerir
Et l'honneur du martyre & le droit de mourir.

THEODORE.

Tu t'obstines en vain, la haine de Marcelle...

SCENE VI.

MARCELLE, THEODORE, DIDIME, PAVLIN, LYCANTE, STEPHANIE.

MARCELLE à Lycante.

AVec quelque douceur i'en reçoy la nouuelle,
Non que mes déplaisirs s'en puissent soulager,
Mais c'est tousiours beaucoup que se pouuoir vanger.

THEODORE.

Madame, ie vous viens rendre vostre victime,
Ne le retenez plus, ma fuite est tout son crime,
Ce n'est qu'au lieu de moy qu'on le méne à l'Autel,
Et puisque ie me monstre il n'est plus criminel,
C'est moy pour qui Placide a dédaigné Flauie,
C'est moy par consequent qui luy couste la vie,
Et c'est....

DIDIME.

Non, c'est moy seul, & vous l'auez pû voir,
Qui sauuant sa riuale ay fait son desespoir,
C'est moy de qui l'audace a terminé sa vie,
C'est moy par consequent qui vous oste Flauie,
Et sur qui doit verser ce courage irrité
Tout ce que la vangeance a de seuerité.

MARCELLE.

O couple de ma perte également coupable,
Sacrileges autheurs du malheur qui m'accable,
Qui dans ce vain debat vous vantez à l'enuy,
Lors que i'ay tout perdu, de me l'auoir rauy?
Donc iusques à ce point vous brauez ma colere,
Qu'en vous faisant perir ie ne vous puis déplaire,
Et que loin de trembler sous la punition
Vous y courez tous deux auec ambition?
Elle semble à tous deux porter vn Diadéme,
Vous en estes jaloux comme d'vn bien supréme,
L'vn & l'autre de moy s'efforce à l'obtenir,
Ie puis vous immoler & ne puis vous punir,
Et quelque sang qu'épande vne mere affligée
Ne vous punissant pas elle n'est pas vangée.

Toutefois Placide aime, & vostre chastiment
Portera sur son cœur ses coups plus puissamment,
Dans ce gouffre de maux c'est luy qui m'a plongée,
Et si ie l'en punis ie suis assez vangée.

THEODORE à Didime.

I'ay donc enfin gaigné, Didime, & tu le vois,
L'Arrest est prononcé, c'est moy dont on fait choix,
C'est moy qu'aime Placide, & ma mort te deliure.

DIDIME à Theodore.

Non, non, si vous mourez, Didime vous doit suiure.

MARCELLE.

Tu la suiuras, Didime, & ie suiuray tes vœux,
Un déplaisir si grand n'a pas trop de tous deux.
Que ne puis-ie aussi-bien immoler à Flauie
Tous les Chrestiens ensemble & toute la Syrie,
Ou que ne peut ma haine auec vn plain loisir
Animer les bourreaux qu'elle sçauroit choisir,
Repaistre mes douleurs d'vne mort dure & lente,
Vous la rendre à la fois & cruelle & traisnante,
Et parmy les tourments soustenir vostre sort
Pour vous faire sentir chaque iour vne mort?

Mais ie sçay le secours que Placide prepare,
Ie sçay l'effort pour vous que fera ce barbare,
Et ma triste vangeance a beau se consulter,
Il me faut, ou la perdre, ou la précipiter.
Hastons-la donc, Lycante, & courons-y sur l'heure,
La plus prompte des morts est icy la meilleure,
N'auoir pour y descendre à pousser qu'vn souspir,
C'est mourir doucement, mais c'est en fin mourir,
Et lors qu'vn grand obstacle à nos fureurs s'oppose
Se vanger à demy c'est tousiours quelque chose.
Amenez les tous deux.

PAVLIN.

Sans l'ordre de Valens?
Madame, escoutez moins des transports si boüillants,
Sur son authorité c'est beaucoup entreprendre.

MARCELLE.

S'il en demande conte, est-ce à vous de le rendre?
Paulin, portez ailleurs vos conseils indiscrets,
Et ne prenez soucy que de vos interests.

THEODORE à Didime.

Ainsi de ce combat que la vertu nous donne,
Nous sortirons tous deux auecque la couronne.

DIDIME.

Ouy, Madame, on exauce & vos vœux, & les miens,
Dieu...

MARCELLE.

Vous ſuiurez ailleurs de ſi doux entretiens,
Amenez les tous deux.

PAVLIN ſeul.

Quel orage s'apreſte!
Que ie voy ſe former vne horrible tempeſte!
Si Placide ſuruient que de ſang reſpandu,
Et qu'il en reſpandra s'il trouue tout perdu!
Allons chercher Valens, qu'à tant de violence
Il oppoſe, non plus vne molle prudence;
Mais vn courage maſle & qui d'authorité
Sans rien craindre....

SCENE VII.

VALENS, PAVLIN.

VALENS.

AH Paulin, eſt-ce vne verité,
Eſt-ce vne illuſion, eſt-ce vne reſuerie?
Viens-ie d'ouyr la voix de Marcelle en furie?
Oſe-t'elle traiſner Theodore à la mort?

PAVLIN.

Ouy, ſi Valens n'y fait vn genereux effort.

VALENS.

Quel effort genereux veux-tu que Valens faſſe
Lors que de tous coſtez il ne voit que diſgrace?

PAVLIN.

Faites voir qu'en ces lieux c'eſt vous qui gouuernez,
Qu'aucun n'y doit perir ſi vous ne l'ordonnez,

La Syrie à vos loix est-elle assujettie
Pour souffrir qu'vne femme y soit iuge & partie?
Iugez de Theodore.

VALENS.

Et qu'en puis-ie ordonner
Qui dans mon triste sort ne serue à me gesner?
Ne la condamner pas c'est me perdre auec elle,
C'est m'exposer en butte aux fureurs de Marcelle,
Au pouuoir de son frere, au couroux des Cesars,
Et pour vn vain effort courir mille hazards.
La condamner d'ailleurs c'est faire vn parricide,
C'est de ma propre main assassiner Placide,
C'est luy porter au cœur d'ineuitables coups...

PAVLIN.

Placide donc, Seigneur, osera plus que vous,
Marcelle a fait armer Lycante & sa cohorte,
Mais sur elle & sur eux il va fondre à main forte,
Resolu de forcer pour cét objet charmant
Iusqu'à vostre Palais, & vostre apartement.
Préuenez ce desordre, & iugez quel carnage
Produit le desespoir qui s'oppose à la rage,
Et combien des deux parts l'amour & la fureur
Estaleront icy de spectacles d'horreur.

VALENS.

N'importe, laissons faire, & Marcelle, & Placide,
Que l'amour en furie, ou la haine en decide,
Et soit qu'elle perisse ou ne perisse pas
I'auray lieu d'excuser sa vie, ou son trespas,
S'il la sauue, peut-estre on trouuera dans Rome
Plus de cœur que de crime à l'ardeur d'vn ieune homme,
Ie l'en desaduouëray, j'iray l'en accuser,
Les pousser par ma plainte à le fauoriser,
A plaindre son malheur en blasmant son audace,
Cesar mesme pour luy me demandera grace,
Et cette illusion de ma seuerité
Augmentera ma gloire & mon authorité.

PAVLIN.

Et s'il ne peut sauuer cét objet qu'il adore?
Si Marcelle à ses yeux fait perir Theodore?

VALENS.

Marcelle aura sans moy commis cét attentat,
I'en sçauray prés de luy faire vn crime d'Estat,
A ses ressentiments esgaler ma colere,
Luy promettre vangeance, & trancher du seuere,

Et

Et n'ayant point de part en cét éuenement
L'en consoler en pere vn peu plus aisément.
Mes soins auec le temps pourront tarir ses larmes.

PAVLIN.

Seigneur, d'vn mal si grand c'est prendre peu d'alarmes,
Placide est violent, & pour la secourir
Il perira luy-mesme, ou fera tout perir.
Si Marcelle y succombe, apprehendez son frere,
Et si Placide y meurt, les déplaisirs d'vn pere,
De grace préuenez ce funeste hazard.
Mais que voy-je? peut-estre il est desia trop tard,
Stephanie entre icy de pleurs toute trempée.

VALENS.

Theodore à Marcelle est sans doute eschappée,
Et l'amour de Placide a braué son effort.

SCENE VIII.

VALENS, PAVLIN, STEPHANIE.

VALENS à Stephanie,

Marcelle a donc osé les traisner à la mort,
Sans mon sçeu, sans mon ordre, & son audace extréme...

STEPHANIE.

Seigneur, pleurez sa perte, elle est morte elle-mesme.

VALENS.

Elle est morte!

STEPHANIE.

Elle l'est.

VALENS.

Et Placide a commis...

STEPHANIE.

Non, ce n'eſt en effet ny luy, ny ſes amis,
Mais s'il n'en eſt l'autheur, du moins il en eſt cauſe.

VALENS.

Ah, pour moy l'vn & l'autre eſt vne meſme choſe,
Et puiſque c'eſt l'effet de leur inimitié
Ie dois vanger ſur luy cette chere moitié.
Mais aprends-moy ſa mort du moins ſi tu l'as veuë.

STEPHANIE.

De l'eſcalier à peine elle eſtoit deſcenduë,
Qu'elle aperçoit Placide aux portes du Palais
Suiuy d'vn gros armé d'amis & de valets.
Sur les bords du perron ſoudain elle s'aduance,
Et preſſant ſa fureur qu'accroiſt cette preſence,
Vien, *dit-elle*, vien voir l'effet de ton ſecours,
Et ſans perdre de temps en de plus longs diſcours
Ayant fait aduancer l'vne & l'autre victime,
D'vn coſté Theodore, & de l'autre Didime,
Elle leue le bras & de la meſme main
Leur enfonce a tous deux vn poignard dans le ſein.

VALENS.

Quoy, Theodore est morte !

STEPHANIE.

Et Didime auec elle.

VALENS.

Et l'vn & l'autre enfin de la main de Marcelle ?
Ah, tout est pardonnable aux douleurs d'vn amant,
Et quoy qu'ait fait Placide en son ressentiment...

STEPHANIE.

Il n'a rien fait, Seigneur, mais escoutez le reste.
Il demeure immobile à cét objet funeste,
Quelque ardeur qui le pousse à vanger ce malheur
Pour en auoir la force il a trop de douleur,
Il paslit, il fremit, il tremble, il tombe, il pasme,
Sur son cher Cleobule il semble rendre l'ame.
Cependant triomphante entre ces deux mourans,
Marcelle les contemple à ses pieds expirans,
Ioüyt de sa vangeance, & d'vn regard auide
En cherche les douceurs iusqu'au cœur de Placide :
Et tantost se repaist de leurs derniers souspirs,
Tantost gouste à plains yeux ses mortels déplaisirs,

Y mesure sa joye, & trouue plus charmante
La douleur de l'amant que la mort de l'amante,
Nous témoigne vn dépit qu'apres ce coup fatal
Pour estre trop sensible il sent trop peu son mal,
En hait sa pâmoison qui la laisse impunie
Au peril de ses iours les souhaite finie :
Mais à peine il reuit, qu'elle haussant la voix,
Ie n'ay pas resolu de mourir à ton choix,
Dit-elle, ny d'attendre à rejoindre Flauie
Que ta rage insolente ordonne de ma vie.
A ces mots furieuse, & se perçant le flanc
De ce mesme poignard fumant d'vn autre sang,
Elle adjouste, va, traistre, à qui i'épargne vn crime,
Si tu veux te vanger, cherche vne autre victime,
Ie meurs, mais i'ay dequoy rendre graces aux Dieux
Puisque ie meurs vangée, & vangée à tes yeux.
Lors mesme dans la mort conseruant son audace
Elle tombe, & tombant elle choisit sa place,
D'où son œil semble encore à longs traits se saouler
Du sang des malheureux qu'elle vient d'immoler.

VALENS.

Et Placide?

STEPHANIE.

J'ay fuy, voyant Marcelle morte,
De peur qu'vne douleur & si iuste & si forte
Ne vangeast... Mais Seigneur ie l'aperçoy qui vient.

VALENS.

Arreste, de foiblesse à peine il se soustient,
Et d'ailleurs à ma veuë il sçaura se contraindre,
Ne crain rien. Mais ô Dieux, que i'ay moy-mesme à craindre!

SCENE IX.

VALENS, PLACIDE, CLEOBVLE, PAVLIN, STEPHANIE, Troupe.

VALENS.

Cleobule, quel sang coule sur ses habits?

CLEOBVLE.

Le sien propre, Seigneur.

VALENS.

Ah Placide, ah mon fils.

PLACIDE.

Retire-toy, cruel.

VALENS.

Cét amy si fidelle
N'a pû rompre le coup qui t'immole à Marcelle!
Qui sont les assassins?

CLEOBVLE.

Son propre desespoir.

VALENS.

Et vous ne deuiez pas le craindre, & le préuoir?

CLEOBVLE.

Je l'ay craint & préueu iusqu'à saisir ses armes,
Mais comme apres ce soin i'en auois moins d'alarmes,
Embrassant Theodore vn funeste hazard
A fait dessous sa main rencontrer ce poignard,
Par où ses déplaisirs trompant ma préuoyance...

VALENS.

Ah, faloit-il auoir si peu de deffiance?

PLACIDE.

Rends-en graces au Ciel, heureux pere & mary,
Par là t'est conserué ce pouuoir si chery,
Ta dignité dans l'ame à ton fils preferée,
Ta propre vie en fin par là t'est asseurée,

Et ce ſang qu'vn amour pleinement indigné
Peut-eſtre en ſes transports n'auroit pas eſpargné.
Pour ne point violer les droits de la naiſſance
Il faloit que mon bras s'en miſt dans l'impuiſſance,
C'eſt par là ſeulement qu'il s'eſt pû retenir,
Et ie me ſuis puny de peur de te punir.
Ie te punis pourtant, c'eſt ton ſang que ie verſe,
Si tu m'aimes encor c'eſt ton ſein que ie perce,
Et c'eſt pour te punir que ie viens en ces lieux
Pour le moins en mourant te bleſſer par les yeux.
Daigne ce iuſte Ciel....

VALENS.

Cleobule, il expire.

CLEOBVLE.

Non, Seigneur, ie l'entens encore qui ſouſpire,
Ce n'eſt que la douleur qui luy coupe la voix.

VALENS.

Non, non, i'ay tout perdu, Placide eſt aux abois,
Mais ne rejettons pas vne eſperance vaine,
Portons-le repoſer dans la chambre prochaine,
Et vous autres, allez prendre ſoucy des morts
Tandis que j'auray ſoin de calmer ſes transports.

Fin du cinquiéme & dernier Acte.

www.ingramcontent.com/pod-product-compliance
Lightning Source LLC
LaVergne TN
LVHW012013220826
846092LV00001B/334

* 9 7 8 2 3 2 9 7 7 6 1 1 8 *